과학영재들을 위한

창의적 탐구활동 프로그램(Ⅰ)

강성주 | 김현주 | 이길재 공저

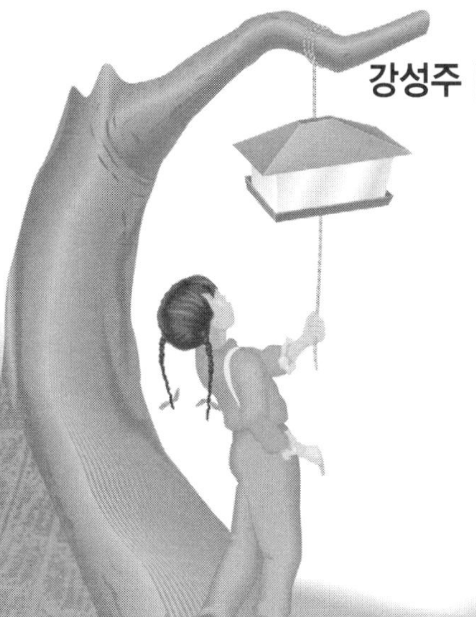

북스힐

Volume One

머리말

미국은 2004년 '미국을 혁신하라!'라는 보고서에서 창의성 교육을 크게 강조하였다. 창의성 신장을 교육 목표로 하여 초등학교 때부터 수준별 수업을 진행하고, 창의적이고 뛰어난 재능을 가진 인재의 활용을 극대화 하는 방안을 제시하였다. 일본은 2007년 'Innovation 2025'에서 '과학기술 혁신을 뒷받침하는 수리 · 자연계열 인재의 육성'을 발표하였다. 수리 · 자연과학에 대한 흥미와 관심이 높은 학생에게 고도로 선진화된 수리 · 자연과학을 학습할 기회를 제공하여, 창조적 · 실천적 기술자 육성을 추진하여 혁신을 기대하고 있다.

우리나라는 2009년 교육과학기술부에서 발표한 '창의와 배려의 조화를 통한 인재 육성 기본 방안'에서 미래의 성장 동력은 새로운 것을 생각하고 만들어 내는 '창조적 인적 자본'에 있으며, 국가의 경쟁력은 결국 창의적 인재가 경쟁력이므로, 교육을 통한 창의성과 인성을 겸비한 '훌륭한 전문인' 육성을 강조하고 있다.

이제 창의성 교육은 특수 학생만이 아니라 모든 학생을 대상으로 하는 창의성 교육체제로 전환하고 있으므로, 창의적 체험 활동뿐만 아니라 교과 활동을 통하여 창의성 신장 교육을 실시해야 한다. 이와 같은 시대적 흐름에 부응하여 교과 활동과 창의적 체험 활동에 적절한 중학교와 고등학교용 과학 탐구 활동 자료를 묶어서 책으로 출간하고자 한다.

이 책은 한국연구재단의 핵심연구과제인 '과학자의 연구 형태와 사고과정의 가시화를 반영한 새로운 과학 영재 교수-학습 자료 개발'의 연구 결과물을 바탕으로, 창의적인 과학자들의 사고과정을 기본으로 하여 과학에 관심 있는 학생들과 교사들이 학교 현장에서 교과 활동과 창의적 체험 활동에 사용할 수 있도록 하였다. 총 2권으로 구성하였으며 I권은 문제해결형 활동과 모델제시형 활동이, II권에서는 아이디어산출형 활동과 유사세런디피티형 활동이 포함되어 있다. 각 권에는 중학교와 고등학교에서 사용할 수 있는 물리, 화학, 생물에 대한 내용을 실었다.

2011년 1월

한국교원대학교 화학교육과
강 성 주

Volume One

차 례

Chapter 1 과학자의 연구과정을 가시화한 프로그램

Chapter 2 문제해결형 모듈

Chapter 3 모델제시형 모듈

Chapter 1

과학자의 연구과정을 가시화한 프로그램

01 프로그램 개발

과학자들이 어떻게 사고하고 연구하는지에 대하여 아는 것이 과학교육에서 매우 중요하게 인식되고 있고, 과학교육에서 가장 효과적인 교수 학습 전략은 과학자의 연구과정을 학습상황에서 직접 경험할 수 있도록 하는 것이라는 점을 학습프로그램 개발에 반영하였다. 그 결과, 대부분의 과학자들이 관찰된 관심있는 어떤 현상을 과학적으로 설명하기 위하여 거치게 되는 일련의 연구과정에서 보이는 일정한 패턴이 확인되었고, 과학자의 연구형태는 문제해결형(problem-solving), 모델제시형(modeling), 아이디어산출형(idea-creative), 유사세런디퍼티형(pseudo-serendipity)의 네 가지로 구분됨을 발견하였다.

이상에서의 과학자의 연구형태와 그 과정에서의 사고를 학생들이 쉽게 체득하고 내면화할 수 있도록 하기 위한 방법으로 인지적 도제(cognitive apprenticeship)를 적용하였다. 인지적 도제는 사고의 과정이 가시화되도록 하는 학습모델로, modeling, scaffolding, coaching의 3단계로 구성되어 있다. Modeling 과정은 전문가가 견습생에게 모든 과정의 시범을 보이는 것이다. 전문가는 사고 과정이 가시적으로 표현되도록 노력하며, 때로는 견습생에게 각 과정에서 무엇을 수행하여야 하는지를 분명하게 지도한다. Scaffolding은 견습생이 과제의 비계를 구축하는 데 도움을 주는 것을 의미하며, Coaching 과정은 견습생에게 작업의 선택 힌트나 토대 제공, 활동의 평가나 문제의 진단 등 다양한 영역에 걸쳐 조언한다. 이러한 인지적 도제의 과정에 있어서 마지막 과정에서는 전문가의 교수적도움 없이 견습생이 스스로 학습을 진행하는 Fading 과정이 적용되며 제시된 연구문제나 주제에 따라 학습자 스스로 전문가의 사고과정을 경험하게 된다.

본 모듈의 개발에서는 네 가지 타입의 과학자의 연구형태에 따른 단계를 세부적으로 제시하여 과학자의 연구과정을 가시화하였다. 또한, 연구과정에 내재된 사고과정을 가시화할 수 있도록 인지적 도제를 사용하여 시범보이기(modeling), 교수적도움(scaffolding & coaching), 도움중지(fading)의 세 단계로 학습이 진행되도록 프로그램을 개발하였다. 학습내용면에서는 물리, 화학, 생물의 영역을 고르게 포함하도록 하였고, 학습의 세부적인 내용을 중심으로 학생들의 학습 단계를 고려하여 중학생용과 고등학생용으로 구분하였다. 그러나 내용수준이 고정된 것은 아니며, 적용대상의 수준에 따라 중학생용과 고등학생용을 구분하지 않고 사용이 가능하다. 이 프로그램에서 적용한 과학자의 연구형태와 인지적 도제,

학습의 내용영역은 그림 1에 나타내었고, 과학자의 연구형태에 따른 연구 단계의 세부내용과 모듈의 구성은 다음과 같다.

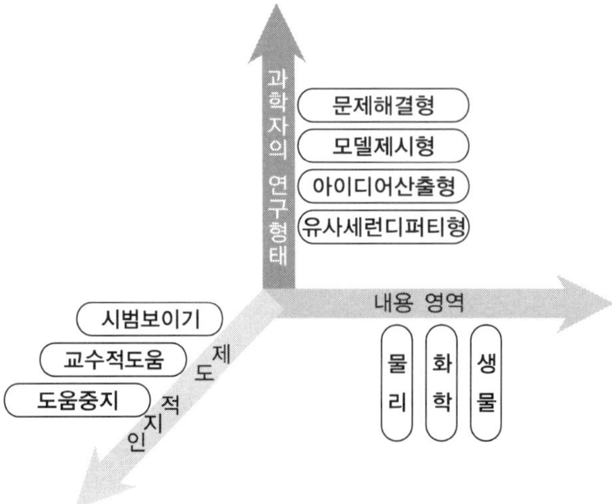

그림 1. 프로그램의 구성

1.1 문제해결형 (problem-solving)

실제로 과학자들은 관심있는 어떤 현상을 과학적으로 설명하는 등의 연구과정에서 대부분 여러 가지 문제상황에 직면하게 된다. 문제상황은 연구과정 전반에 걸쳐 어디서든 발생할 수 있으며, 이러한 문제의 발견 및 해결과정은 연구 전반에 걸쳐 여러 번 반복된다. 연구과정에서 과학자들은 당면한 문제들을 계속 해결하여 최종적으로 처음 제시된 현상에 대해 과학적인 설명이나 결론에 도달하게 되는데, 이러한 과학자의 연구형태를 문제해결형이라고 한다.

문제해결형 모듈은 과학자의 연구에서 직면하게 되는 다양한 문제상황들을 해결해가는 연구과정을 학습의 상황에서 직접 경험하도록 구성하였다. 이 과정에서 발생되는 문제상황의 발견이나 문제해결과정은 명시적으로 제시되어 있지 않고, 학생들이 스스로 찾아가도록 구성하였다. 따라서 모듈에 제시된 활동이나 과정들은 학습주제에 따른 예시활동으로, 제시된 과정을 그대로 따를 필요는 없으며, 학습의 상황에 맞도록 적절하게 조절이 가능하다. 과학자의 연구과정에 따른 최신 연구주제를 그대로 학습상황에 적용하기에는 적용의 여건상 문제가 많기 때문에, 각 모듈의 학습주제는 학습자의 수준에 맞도록 내용을 선정하였다.

문제해결형의 연구과정은 그림 2에 나타나있다.

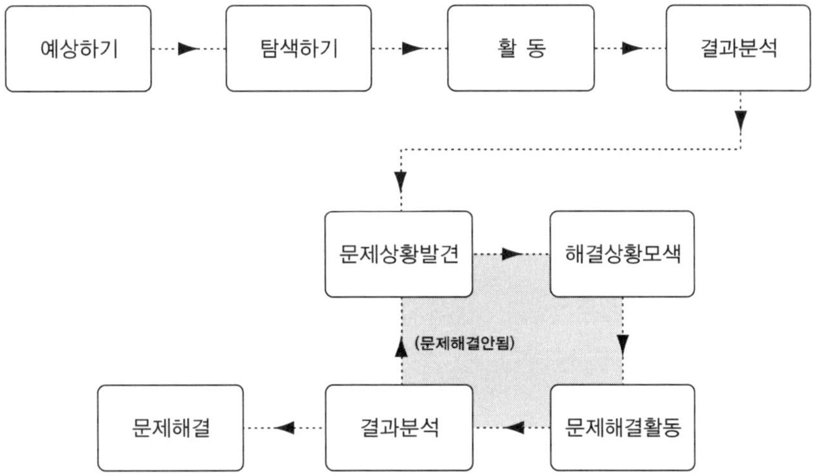

그림 2. 문제해결형의 연구과정

문제해결형 모듈에서 가시화된 과학자의 연구과정 중 첫 번째 단계는 '예상하기'로 이 단계에서는 관심을 유발할 수 있는 현상을 제시하여 그 결과를 예상해보게 한다. '탐색하기'의 단계에서는 예상하기 단계에서 제시된 현상을 과학적으로 설명할 수 있는 방법에 대한 탐색을 하게 한다. 그 다음으로 '활동' 단계에서는 탐색하기 단계에서 고안한 연구 방법을 토대로 실험 활동이나 결과 정리 등의 연구 활동이 이루어지게 되고, 이후 '결과분석' 단계에서는 연구 결과에 대한 분석이 이루어진다. 학생들은 연구 활동 중이나 연구 결과에서 새로운 의문점이나 문제상황을 발견하게 되는데, 이 단계가 '문제상황발견'이다. 발견된 문제상황을 해결하기 위하여 '해결상황모색'의 단계에서 문제상황을 해결할 수 있는 방안을 찾아내, 문제를 해결하는 활동을 다시 진행하게 되는데 이 단계가 '문제해결활동'이다. 문제해결활동으로 얻어진 연구 결과의 분석과 해석이 '결과분석'의 단계에서 이루어지고, 이 과정에서 문제가 바로 해결되어 '문제해결'의 단계로 마무리하면서 현상을 과학적으로 설명하는 과정이 끝나게 된다. 그러나 이 과정에서 새로운 문제가 발견되는 경우, 다시 해결 방안을 찾아내는 과정을 반복적으로 진행하여 최종적으로 처음 제시된 현상에 대해 문제가 해결되어 과학적인 결론에 도달한다. 문제상황의 발견과 해결과정은 몇 번이고 반복되어 진행될 수 있으며, 주제에 따라 일부 단계가 생략되거나 추가될 수 있다. 이와 같은 단계를 적용하여 개발한 문제해결형 모듈 제목은 그림 3에 제시하였다.

인지적 도제	문제해결형 모듈	내용 영역 (적용대상)
시범보이기	주기가 일정한 흔들이 만들기 콜라와 다이어트 콜라 밀도 비교 계통수 그리기	물리(중) 화학(중) 생물(고)
▼		
교수적도움	공기 중의 산소량 측정 메트로놈의 동기화 현상 표면성장 실험 광합성에 영향을 주는 식물의 색소 알아보기	화학(중) 물리(고) 물리(고) 생물(중)
▼		
도움중지	알카셀처의 반응 조건 ABO식 혈액형의 수혈 관계를 활용한 범인 찾기	화학(중) 생물(고)

그림 3. 개발된 문제해결형 모듈

1.2 모델제시형 (modeling)

자연현상이 갖는 규칙성을 찾아내고, 이를 과학적으로 설명하거나 다른 자료와의 연관성을 밝히는 과정은 과학자의 연구에서 흔히 발견된다. 현상이 갖는 규칙성을 설명하기 위한 방법 중 하나가 모델을 만드는 것으로, 이와 같이 모델을 만들어 현상을 설명하는 과학자의 연구형태를 모델제시형이라고 한다.

모델제시형 모듈은 과학자의 연구에서 자연현상이 갖는 규칙성을 찾아 그 규칙성을 설명하기 위한 모델을 만드는 연구과정을 직접 경험하도록 구성되어 있다. 각 모듈의 학습주제는 학습자의 수준에 맞도록 내용을 선정하고 조직하였으며, 학습자가 주도적으로 활동할 수 있도록 질문을 구성하였다. 이 모듈로 관련 개념에 대한 이해뿐 아니라 모델의 본성에 대한 이해를 도모할 수 있다. 모델제시형의 연구과정은 그림 4에 나타나있다.

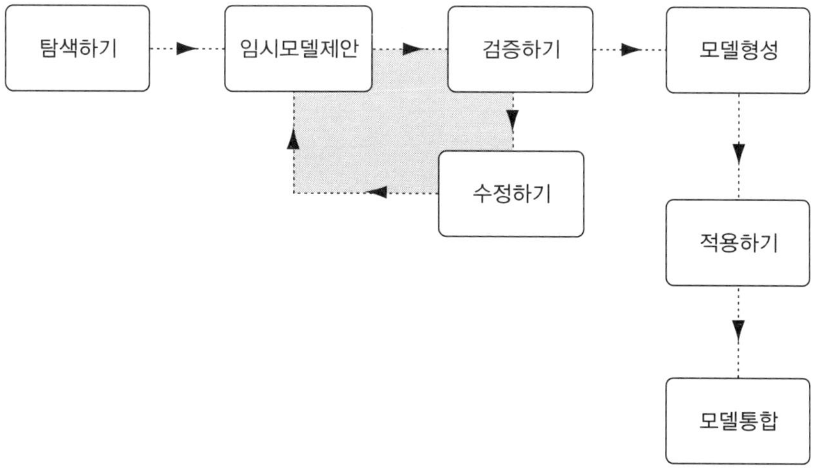

그림 4. 모델제시형의 연구과정

모델제시형 모듈에서 가시화된 과학자의 연구과정 중 첫 번째는 '탐색하기'로 이 단계에서는 관심의 대상이 되는 현상을 제시하여 연구 문제를 파악하고, 제시된 현상이 갖는 패턴에 대한 탐색을 하게 한다. 두 번째 단계인 '임시모델제안'에서는 현상이 갖는 패턴을 과학적으로 설명하기 위하여 단순한 몇 가지 규칙을 이용하여 모델을 제안하게 한다. 이후 '검증하기' 단계에서 제안된 임시모델이 현상을 얼마나 잘 설명할 수 있는지에 대하여 확인하는 과정을 거친다. 이 과정에서 임시모델로 설명이 되지 않는 현상이 발견되면 그 문제점을 찾아, 임시모델의 '수정하기' 단계로 넘어가게 된다. 처음 제안한 임시모델이 수정되면 다시 새로운 '임시모델제안'의 단계가 된다. 이어서 다시 '검증하기'를 거쳐 다시 '수정하기' 단계로 돌아가거나, 제안한 임시모델이 현상을 잘 설명하게 되면 '모델형성'의 단계에 이르게 된다. 이어서 모델이 관련 현상을 잘 설명할 수 있는지를 확인해보는 '적용하기'의 과정을 한 번 더 거쳐서 최종적으로 '모델통합'의 단계에 이르게 되어, 모델을 통해 현상을 과학적으로 설명하여 결론짓는다. 수정하기와 임시모델제안의 과정은 몇 번이고 반복되어 진행될 수 있으며, 주제에 따라 일부 단계가 생략되거나 추가될 수 있다. 이와 같은 단계를 적용하여 개발한 모델제시형 모듈 제목은 그림 5에 제시하였다.

인지적 도제	모델제시형 모듈	내용 영역 (적용대상)
시범보이기	원자 모형 높이 올라가면 부피가 작아진다! 용불용설과 자연선택	물리(고) 화학(중) 생물(중)
▼		
교수적도움	표면성장 모델 이온의 전도도 멘델 따라하기	물리(고) 화학(고) 생물(고)
▼		
도움중지	분자를 춤추게 하는 열 플라스크 속으로 들어간 풍선 상위유전	물리(중) 화학(중) 생물(고)

그림 5. 개발된 모델제시형 모듈

1.3 아이디어산출형 (idea–creative)

아이디어산출형은 과학자들이 자연의 기본 원리를 파악하고 이를 적용하여 새롭고 보다 나은 것을 얻어내고자 할 때 나타나는 과학자의 연구형태이다. 과학자는 일반적으로 알려진 과학적인 사실이나 원리들로부터 새로운 아이디어를 제안하거나, 두 가지 이상의 아이디어를 융합 또는 직관을 사용하여 새로운 아이디어를 생성하게 된다.

아이디어산출형 모듈은 과학자의 아이디어가 새로운 지식이나 산출물을 만들게 되는 연구과정을 직접 경험하도록 구성되어 있다. 각 모듈의 학습주제는 학습자의 수준에 맞도록 내용을 선정하고 조직하였으며, 학습자가 주도적으로 활동할 수 있도록 질문을 구성하였다. 이 모듈로 관련 개념에 대한 이해뿐 아니라 창의적인 아이디어 생성과정을 습득하게 된다. 아이디어산출형의 연구과정은 그림 6에 나타나있다.

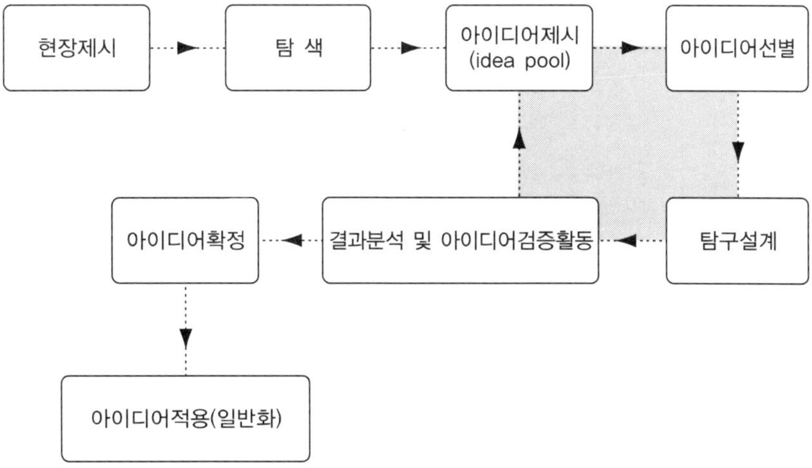

그림 6. 아이디어산출형의 연구과정

아이디어산출형 모듈에서 가시화된 과학자의 연구과정 중 첫 번째는 '현상제시' 단계로 관심있는 현상을 제시하여 연구문제를 확인하게 한다. 두 번째 '탐색'의 단계에서 제시된 현상이 갖는 과학적인 원리에 대한 탐색이 이루어지게 되고, 이후 '아이디어제시(idea pool)'의 단계에서 과학적인 원리를 이용할 수 있는 새로운 아이디어를 다양하게 제시하거나 과학적인 원리에 대한 새로운 이해를 도모할 수 있는 아이디어를 제시하게 된다. '아이디어 선별'의 단계에서는 제시된 아이디어 중 가장 적합한 아이디어를 찾아내서 '탐구설계'의 단계로 이어지게 되고, 이 단계에서는 설계한 대로 실험이나 논의의 수행까지 이루어진다. 이후 '결과분석 및 아이디어검증활동'의 단계에서 선별한 아이디어가 기존의 아이디어보다 더 발전된 형태인지, 더 나은 산출물의 생성이 이루어졌는지에 대한 검증이 이루어진다. 만약, 새로운 아이디어가 더 나은 과학지식이나 산출물을 만들지 못한 경우, 다시 '아이디어 제시'의 단계로 되돌아가서 같은 과정을 반복하게 된다. 최종적으로 제시된 아이디어가 더 나은 과학지식이나 산출물을 만들었음이 확인되면 제시된 아이디어는 '아이디어확정'의 단계를 거쳐 '아이디어적용(일반화)'의 단계에 이르게 된다. 학습주제에 따라 일부 단계가 생략되기도 하며, 이와 같은 단계를 적용하여 개발한 아이디어산출형 모듈 제목은 그림 7에 제시하였다.

인지적 도제	아이디어산출형 모듈	내용 영역 (적용대상)
시범보이기	힘과 운동 기체 분수 만들기 나의 DNA를 만나 볼까!	물리(중) 화학(중) 생물(중)
▼		
교수적도움	우리 몸에 숨겨진 원리 화학 분수 만들기 유전자, 너의 정체를 밝혀라	물리(고) 화학(고) 생물(고)
▼		
도움중지	열은 무엇인가 자연의 분수 만들기 유전자는 어디에 있을까?	물리(중) 화학(고) 생물(고)

그림 7. 개발된 아이디어산출형 모듈

1.4 유사세런디피티형 (pseudo-serendipity)

과학에서 발견의 과정은 사물끼리의 귀납적 또는 연역적 연관을 밝혀내는 것과 예기치 않은 우연 속에서 일어나는 것을 발견하는 것으로 크게 구분된다. 많은 과학적 발견이 우연적인 것에서 유래되었고, 그 중 과학자의 평소 노력과 과학자적인 태도가 바탕이 된 우연한 발견은 유사세런디피티로 구분할 수 있으며, 이러한 과학자의 연구형태를 유사세런디피티형이라고 한다.

유사세런디퍼티형 모듈은 과학자의 우연한 발견과 이러한 우연한 발견이 과학적으로 다듬어지고 새로운 가치로 형성되는 연구과정을 직접 경험하도록 구성되어 있다. 각 모듈의 학습주제는 학습자의 수준에 맞도록 내용을 선정하고 조직하였으며, 학습자가 주도적으로 활동할 수 있도록 질문을 구성하였다. 이 모듈로 관련 개념에 대한 이해뿐 아니라 자연에 대한 관심을 증대시키며 과학적인 사고의 형성을 도모하게 된다. 유사세런디퍼티형의 연구과정은 그림 8에 나타나있다.

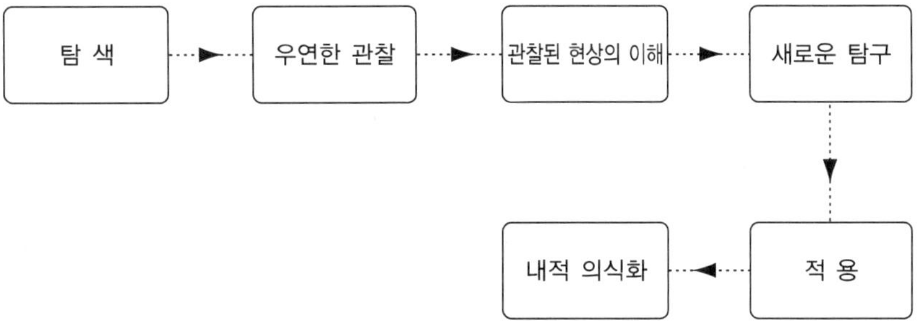

그림 8. 유사세런디퍼티형의 연구과정

유사세런디퍼티형 모듈에서 가시화된 과학자의 연구과정 중 첫 번째는 '탐색'의 단계로 주변에서 흔히 볼 수 있는 현상이나 관심있는 현상을 탐색하게 한다. 이 과정에서 주 관심의 대상이 아니었던 새로운 현상을 우연히 발견하게 되는데, 이 단계가 '우연한 관찰'이다. 우연히 관찰된 새로운 현상이 대한 이해를 도모하기 위하여 '관찰된 현상의 이해' 단계를 거치게 되고, 관찰된 현상에 대한 원리를 이해하는 과정을 통하여 우연한 관찰이 '새로운 탐구'의 시작점으로 발전을 하게 된다. 이후 새로운 탐구의 '적용'과정을 거쳐 최종적인 과학적 결론에 도달하게 된다. 마지막으로, '내적 의식화' 단계에서는 우연한 관찰이나 발견이 과학자의 평소 노력과 과학자적인 태도의 기반으로 이루어진 것임을 마음 속에 새기게 한다. 학습주제에 따라 일부 단계가 생략될 수 있으며, 이와 같은 단계를 적용하여 개발한 유사세런디퍼티형 모듈 제목은 그림 9에 제시하였다.

인지적 도제	유사세런디피티형 모듈	내용 영역 (적용대상)
시범보이기	전류의 자기작용 벨크로와 거울뉴런 푸른 곰팡이에서 피어난 기적의 열매	물리(중) 화학(중) 생물(고)
▼		
교수적도움	나의 네트워크 만들기 화학 나무 과학사를 통한 광합성의 이해	물리(고) 화학(중) 생물(중)
▼		
도움중지	축전기 흔적을 찾아서 온도에 따른 효소의 반응 속도	물리(고) 화학(고) 생물(중)

그림 9. 개발된 유사세런디피티형 모듈

02 개발된 모듈 이용

2.1 교사용 안내자료

과학자의 연구형태와 인지적 도제를 접목하여 물리, 화학, 생물 내용 영역에서 총 36개의 모듈을 개발하여 프로그램을 완성하였다. 각 연구형태별로 대표되는 연구 단계를 제시하였고, 각 연구 단계에 적합하도록 학습주제를 선정하고 조직하여 모듈을 개발하였다. 이 과정에서 주제의 특성에 따라 연구 단계 중 일부가 생략되거나 추가되기도 하였다. 모듈의 적용에 소요되는 시간을 고려하여 연구 단계가 제한되어 있으나, 모듈의 적용에서 상황에 맞도록 수정이 가능하다.

모듈의 1면에서는 모듈을 사용하는 교사를 위하여 교사용 안내자료를 따로 제시하였고, 안내자료는 **수업모델**, **수업개요**, **수업안내**, **학습목표**의 네 가지로 구분하여 나타내었다. 그림 10은 물리영역의 문제해결형 모듈 중 '메트로놈의 동기화'에 제시된 교사용 안내자료의 예로, 모듈밖 선으로 연결된 내용은 설명을 위하여 추가하였다.

Physics

05 메트로놈의 동기화 현상

수업모델 문제해결형 – 교수적도움

이 수업은 과학자의 연구형태 중 문제해결형으로 진행된다. 두 메트로놈 사이에서의 동기화를 관찰하기 위한 실험에서의 문제점을 발견하고, 다양한 변인들을 고려하여 그 원인을 찾아 문제를 해결하는 과정을 경험할 수 있도록 구성되었다. 이 과정을 통해 문제를 해결하는 과정이 과학자에게 있어 중요한 연구과정임을 배우게 된다.

「문제해결형의 수업과정」

현상제시* → 탐색하기 → 활동 → 결과분석 → 문제상황발견 → 해결상황모색

↑ (문제해결안됨) ↓

문제해결 ← 결과분석 ← 문제해결활동

수업모델: 과학자의 연구 형태와 인지적 도제 제시, 진행 단계 안내

수업개요

1665년 2월 네덜란드의 물리학자 호이겐스는 자신이 만든 두 개의 추시계가 일정기간 동안 계속해서 똑같은 주기로 흔들리고 있는 모습을 발견하게 되었다. 이와 비슷한 현상으로 말레이시아의 깊은 원시림 속의 반딧불이들은 교배시기가 되면 서로 깜박이는 주기가 일치하게 되어, 멀리서 바라보면 거대한 불꽃이 깜박이는 것처럼 보이는 장관을 연출하게 된다. 또한, 1970년 마사 맥클린 톡과 캐서린 스턴 박사는 '여자들끼리 방을 같이 쓰면 생리 주기가 비슷해진다'는 사실을 알아냈다. 이와 같이 진동자가 적당한 상호작용에 의해 각 진동자의 리듬, 즉 진동수나 위상이 조절되는 현상을 "동기화현상"이라고 한다. 이 수업에서는 학생들은 두 개의 메트로놈이 동기화될 수 있는 방법을 생각해 보고, 생각한 방법의 한계와 문제점을 발견하고 이를 보다 체계적으로 해결해 나가는 과정을 경험하게 될 것이다. 이를 통해 과학자들의 연구형태 및 사고과정을 이해하고, 과학자로서의 태도를 함양하는 것이 이 실험의 목적이다.

수업개요: 전반적인 내용과 진행에 대한 간략한 소개

수업안내

- 수업 대상 : 고등학생 이상
- 예상 소요시간 : 3시간
- 수업 준비물 : 메트로놈 2개, 깡통 2개(페트병, 캔 등), 널빤지(하드보드지, 우드락 등), 초시계, 자, 기타 본문 참조

수업안내: 수업대상, 예상 소요시간, 준비물 등 소개

학습목표

1. 두 메트로놈의 1분 이상의 동기화 현상을 관찰하고, 그 경향성을 찾을 수 있다.
2. 실험 중 발생하는 문제점을 해결하는 과정에서 과학자의 연구형태와 사고과정을 학습한다.

학습목표: 학습내용과 과학자의 연구 형태, 사고 과정 학습에 대한 목표로 구분 제시

그림 10. 교사용 안내자료 예시

2.2 모듈의 형태

각 모듈은 폭이 다른 두 개의 다단의 형태이다. 다단의 넓은 폭에는 과학자의 연구과정을 학습 단계로 제시하여 각 단계에서의 적절한 질문과 예상되는 학습자의 응답을 제시하였

다. 각 단계는 학습자가 주도적으로 생각하고 활동할 수 있도록 다양한 실험자료, 읽기자료, 그림자료 등을 포함하고 있다. 다단의 좁은 폭에는 ⊛ 표시를 이용하여 모듈의 적용과정에서 교사에게 도움이 될 만한 자료, 참고문헌, 웹사이트, 실험 준비물, 주의사항 등을 상세하게 제시하였다. 그림 11은 생물영역의 모델제시형 모듈 중 '용불용설과 자연선택'의 적용하기 단계의 예이다.

교사용 참고자료

적용하기

제공되는 단계별 질문 — **5.** 다양한 껍질색을 지닌 가상의 달팽이 집단을 살펴보자.

달팽이종		(가)	(나)	(다)	(라)	(마)	
개체수		100	100	100	100	100	
껍질색	어두운 회색	←				→	옅은 노란색

5-1. 달팽이 (다)종의 개체수가 많아지고 (가)와 (마)의 개체수가 적어질 수 있는 환경을 만들어보자.

학생들의 예상답변 — • 달팽이들이 잎에 서식하여 녹색은 포식자의 눈에 띄지 않지만 어두운 회색이거나 밝은 노란색인 달팽이는 상대적으로 포식자에게 잡아 먹혔다.

5-2. 양 극단 (가)와 (마)의 개체수가 증가하고 (다)의 개체수가 감소하는 환경을 만들어보자.

• 달팽이가 서식하던 초원이 개발되어 건물들이 생겼다. 건물의 습진 곳에서는 어두운 회색 달팽이의 생존율이 높아졌고 근교에 초원으로 남은 곳엔 밝은 녹색 달팽이가 살게 되었다.

⊛ 자연선택의 방향

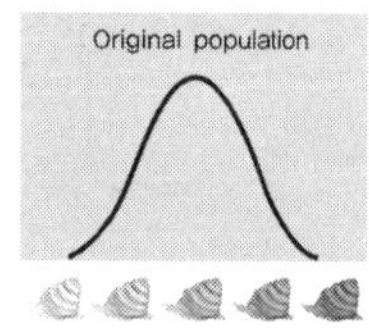

1) 안정화 선택

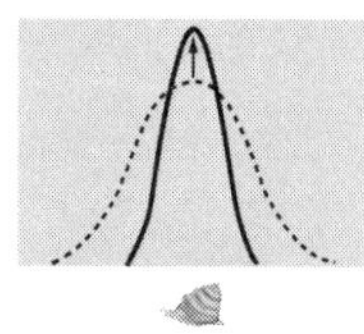

– 표현형 분포가 중간값을 갖는 개체수가 늘어나고 양 극단으로 갈수록 개체수가 적어진다.

2) 방향성 선택

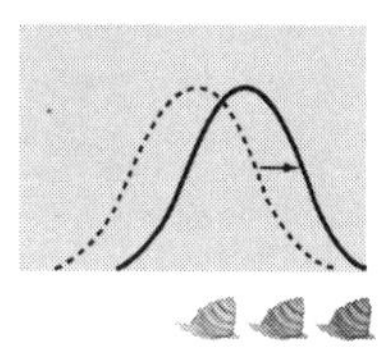

그림 11. 모델제시형 적용하기 단계의 예시 자료

2.3 모듈 예시

과학자의 네 가지 연구형태 별로 하나의 모듈을 예로 제시하여 모듈에서 각각의 단계가 의미하는 것과 단계별 질문, 예상되는 학생답변, 예상활동 등을 정리하였다. 제시된 모듈은 문제해결형, 모델제시형, 아이디어산출형, 유사세런디피티형의 순이다.

(1) 문제해결형 – 제목 : 알카셀처의 반응조건 (화학)

이 모듈에서는 문제상황의 발견과 해결상황의 모색, 문제해결활동이 명시적으로 드러나 있지 않고, 학생들의 활동 속에서 반복적으로 일어나도록 설계가 되어있다. 각 단계별 활동은 다음과 같다.

① **예상 및 탐색하기** : 그림 12와 같이 필름통에 드라이아이스를 넣고 결과를 예상하게 한 다음, 그러한 현상이 잘 일어나게 하기 위한 조건을 탐색하게 한다.

예상 및 탐색하기

1. 실험결과를 예상해보고, 그렇게 예상한 이유에 대해 설명해 보자.

1-1. 필름통에 드라이아이스 조각(각설탕의 1/8 정도 크기) 3 ~ 4개를 넣고 뚜껑을 닫는다. 잠시 후에 어떤 일이 일어날까?

- 필름통 뚜껑이 '펑'소리를 내며 튕겨 나간다.

1-2. 왜 이런 현상이 생겼을까 설명해보자.

- 보통 한 물질이 상태변화를 할 때, 고체일 경우 보다는 액체일 때, 그리고 기체일 경우가 더 많은 부피를 차지하게 된다. 드라이아이스는 기체인 이산화탄소(CO_2)를 냉각 압축하여 고체 이산화탄소로 만든 냉각제로 고체가 기체로 변하면서 필름통 속 기체의 부피가 증가하여 (1cm^3의 고체가 기체로 변하면 1600cm^3 정도까지 부피가 늘어남) 그 압력으로 인해 필름통 뚜껑이 튕겨 나가게 되는 것이다.

2. 1–1에서 관찰한 현상이 더 잘 나타나게 하려면 어떻게 하면 될까?

- 따뜻한 손으로 감싼다. 찬물을 넣어준다. 드라이아이스를 잘게 부순다. 드라이아이스를 많이 넣어준다. 등

관찰한 현상이나 궁금한 내용을 적어 보도록 유도한다.

그림 12. 문제해결형의 예상 및 탐색하기

② **활동하기** : 그림 13과 같이 필름통 뚜껑이 더 잘 날아가게 할 수 있는 조건을 알아보는 활동을 수행하게 한다.

활 동

3. 각 과정을 수행하는 이유를 알아보고, 각 과정에서 나타나는 현상을 정리해보자.

실험하기 전 학생들이 각 단계가 진행되는지 살피고, 진행되지 않는 학생들에 한하여 각 단계가 진행되도록 유도한다.

실험활동

[실험재료]

알카셀처정, 100mL 비커, 뚜껑있는 35mm 필름통, 스포이트나 피펫, 물, 초시계, 줄칼

※ 보안경 착용

[실험과정]

① 포장에서 알카셀처의 성분을 확인하고 기록한다.
② 비커에 물을 넣고 알카셀처를 넣고 변화를 관찰한다.
③ 물이 담긴 35mm 필름통에 알카셀처를 넣음과 동시에 즉시 뚜껑을 닫고 'pop'에 걸리는 시간을 측정한다. (필름통 옆을 쥐고 멀리 들고 있을 것)
④ 'pop' 현상이 일어나기까지의 시간이 의미하는 것이 무엇인지 생각해보자.

실험 시 주의사항
1. 친구의 얼굴을 향하지 않도록 한다.
2. 천장에 달린 형광등을 향하지 않도록 한다.
3. 필름통은 '후지 필름통'이 잘 된다. 다른 필름통은 기체가 새나가므로 튕겨 나가지 않는다.

그림 13. 문제해결형의 활동하기

③ **결과분석** : 직접 실험을 수행하고 알카셀처와 물의 반응으로 나타나는 결과를 분석하게 한다. 그림 14는 결과분석 단계의 일부분이다.

결과분석

4. 주의사항에 따라 실험을 수행하면서 예상한 현상과 맞는지 확인하고 실험결과를 정리해보자.

4-1. 포장지에 기록된 알카셀처의 성분을 알아보자.

- 1정당 아스피린(아세틸살리실산, $C_9H_8O_4$)은 325mg, 시트르산($C_6H_8O_7$)은 1000mg, 탄산수소나트륨($NaHCO_3$)은 1916mg이 들어있다.

참고자료

- 알카셀처에는 산과 염기 성분이 포함되어 있다. 성분들 중 아스피린(일양성자산, $HC_9H_7O_4$), 시트르산(삼양성자산, $H_3C_6H_5O_7$)은 산으로 작용하고, 탄산수소나트륨($NaHCO_3$)은 염기로 작용한다. 알카셀처를 물에 넣으면 이들 산과 염기가 서로 반응하여 기포가 발생하며 녹아들어 간다. 물에 녹으면서 산-염기 중화반응이 일어나는 것이다.
- 알카셀처 반응
  - 시트르산과의 반응

$$3NaHCO_3(aq) + H_3C_6H_5O_7(aq) \rightarrow 3H_2O(l) + 3CO_2(g) + Na_3C_6H_5O_7(aq)$$

  - 아세틸살리실산(아스피린)과의 반응

$$NaHCO_3(aq) + HC_9H_7O_4(aq) \rightarrow H_2O(l) + CO_2(g) + NaC_9H_7O_4(aq)$$

🅢 물과 알카셀처가 반응하는 모습

그림 14. 문제해결형의 결과분석(일부분)

④ **문제상황발견** : 알카셀처와 물의 반응으로 필름통 뚜껑이 날아가는 활동에 대한 결과분석을 통해 정해진 시간에 필름통 뚜껑이 날아가게끔 실험설계를 하도록 제시된 과제를 해결하게 한다. 이 과정에서 발견되는 문제점에 대하여 논의를 유도한다. 그림 15는 문제상황발견 단계의 일부분이다.

문제상황발견

6. 다음 과제를 수행할 수 있는 실험을 설계해보자. 또한 탐구 과정에서 발견된 문제점에 대하여 토의해보자.

과제 1 : 30초에 'pop'이 일어나는 필름통 타이머 만들기
과제 2 : 연속적으로 'pop! pop! pop!' 알카셀처 경보기 만들기

참고자료

다음은 알카셀처를 이용하여 'pop'의 속도를 측정하는 실험의 예이다. 각각의 경우를 'pop'의 속도에 영향을 주는 요인을 고려하고 탐구과정을 예상 및 설계하고 탐구결과에 대한 해석을 한 것이다.

예 1) 20°C, 증류수

증류수의 부피를 다르게 한 실험

증류수의 양(mL)	POP까지의 시간
5	10초 85
10	11초 00
15	13초 47
20	10초 89
25	9초 23

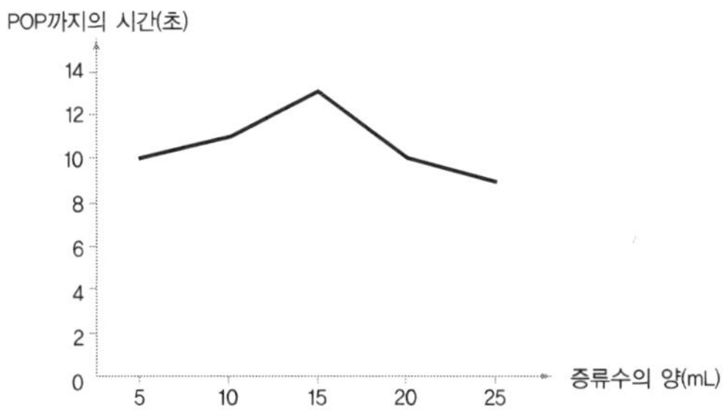

이 단계는 도움 중지 단계에 해당한다. 그러므로 교사가 실험활동에 특별히 관여하지 않고 학습자가 스스로 문제 해결을 위한 실험설계를 할 수 있도록 한다. 그러므로 반응하는 물의 양이라든가 알카셀처의 양을 통제하지 않고 물과 알카셀처가 반응하여 기체가 발생함에 따라 필름통 내부의 압력이 증가하여 'pop(펑)'한다는 것을 경험할 수 있도록 한다.

학생들이 정해진 시간에 'pop'이 일어날 수 있도록 구성하기 위해서는 반응 속도에 영향을 미치는 요인을 찾아내고 변인 통제를 해야 하므로 다양하게 여러 번의 실험을 해볼 수 있도록 한다.

이 과정은 교수적도움의 중지에 해당하므로 주어진 과제를 통해 스스로 문제를 발견하고 이를 해결하는 경험을 할 수 있도록 하는 것이 중요하다. 그러므로 학습자는 스스로 과제를 선택하고 그 과제를 수행함에 있어 물리적인 변인과 화학적인 변인이 'pop'의 속도에 영향을 준다는 것을 알게 된다. 필름통 종류에 따른 필름통 뚜껑의 조임 정도, 뚜껑을 닫는 방법, 필름통을 지지하는 방법, 시간을 측정하는 방법 등의 과제 수행 시 제기되는 물리적인 변인과 알카셀처의 양, 반응하는 알카셀처의 표면적 크기, 온도, pH, 필름통 속의 물의 양 등의 화학적 변인을 찾아내야 한다. 이러한 변인들을 적절히 고려하여 30초에 'pop'이 일어나면 과제 수행, 즉 문제가 해결되어 종결되는 것이다. 또는 필름통 뚜껑이 시간적 차이를 두고 연속적으로 'pop'하는 경보기를 만들어도 된다.

그림 15. 문제해결형의 문제상황발견(일부분)

⑤ **해결상황모색** : 그림 16과 같이 알카셀처와 물이 반응하여 정해진 시간에 기포가 많이 발생하도록 하는 실험의 설계과정에서 논의된 문제점을 어떤 방법으로 해결하여 실험을 수행할 수 있을지에 대하여 논의하게 한다.

해결상황모색

알카셀처와 물이 반응할 때 용매 안에서 반응이 진행되므로 충분한 양의 물이 필요하다. 그러나 물의 양이 증가할수록 발생한 이산화탄소가 차지하는 공간이 증가하므로 'pop'의 시간이 더 단축된다. 따라서 이 실험을 진행함에 있어 반응 속도에 대한 이해와 함께 반응 속도에 영향을 주는 여러 가지 변인들에 대한 고려를 신중히 해야함을 상기시킬 필요가 있다.

7. 'pop'의 속도에 영향을 주는 요인을 고려하여 일정한 시간에 'pop'이 일어날 수 있도록 실험을 설계한다.

- 알카셀처의 개수(즉, 농도)
- 물의 양
- 온도
- pH
- 필름통과 뚜껑의 여부
- 실험자의 실험 오차 등

그림 16. 문제해결형의 해결상황모색

⑥ **해결활동 및 결과분석** : 그림 17에서와 같이 조별로 각자 문제상황의 해결을 위한 활동을 실시하여 결과를 분석하게 한다. 전체적으로 발표하여 가장 효과적인 문제상황의 해결방안에 대하여 알아보게 한다.

해결활동 및 결과분석

빠르게 또는 느리게 진행되는 화학 반응에서 과학자들이 화학 반응에 영향을 주는 다양한 변인들을 찾아내고, 이를 적절히 통제함으로써 반응 속도를 조절하는 것은 화학 반응의 공정에서 매우 중요함을 인식한다.

8. 정해진 시간에 'pop'이 일어나는 조건을 찾고 재현할 수 있도록 한다.

9. 자신의 해결방법과 친구들의 해결방법을 발표해보자. 누구의 해결방법이 가장 매력적인가? 그 이유는?

그림 17. 문제해결형의 해결활동 및 결과분석

(2) 모델제시형 – 제목 : 표면성장 모델(물리)

이 모듈은 임시모델의 제안과 검증, 수정과정이 반복되도록 설계가 되어있다. 각 단계별 활동은 다음과 같다.

① **탐색하기** : 표면성장 실험의 결과를 사진과 그래프로 제시하여 현상이 갖는 규칙성을 발견하게 하고, 이러한 현상을 설명하는 방법으로 모델이 사용될 수 있음을 이끌어낸다. 그림 18은 탐색하기 단계의 일부분이다.

탐색하기

1. 지난 시간까지 실험을 통해 알아보았던 실험의 결과를 사진을 통하여 다시 한 번 살펴보자.

> 표면성장(경계면성장) 현상이 일정한 패턴을 가지고 있음을 인식하게 한다.

1-1. 표면성장(경계면성장)은 어떤 것이었나?

- 시간에 따라 경계면(표면)의 거칠기가 더 거칠어진다.
- 시간이 더 많이 지나면 포화(saturation)가 일어난다.

1-2. 표면성장(경계면성장)은 어떻게 설명이 가능할까? 지금까지 알아본 표면성장 현상을 설명하기 위하여 모델을 만들려고 할 때, 우리가 실험을 통하여 발견한 사실을 다른 표현-무언가가 떨어져서 쌓이는 것으로 생각해보자.

- 시간이 지날수록 경계면의 거칠기가 거칠어지는 현상은 경계면에 무언가가 쌓이는 부분만 계속하여 쌓이는 것으로 볼 수 있다.
- 폭이 넓을수록 경계면의 거칠기가 거칠어지는 현상은 무언가가 쌓일 때 폭이 넓으면 더 불규칙할 수 있다는 것을 의미한다.

2. 표면성장 현상에 대하여 다음을 논의해보자.

2-1. 표면성장 현상으로부터 일정한 규칙이나 패턴을 찾아볼 수 있는가?

> 모델에 대하여 익숙하지 않은 경우, 모델에 대한 적절한 안내가 필요한 단계이며, 원자 모형 등의 예를 들어 모델에 대한 안내를 한다.

- 시간에 따라 표면의 거칠기가 점점 거칠어지다가 일정해지는 패턴을 갖는다.

2-2. 표면성장이 갖는 일정한 패턴을 설명하는 가장 적합한 방법으로는 어떤 것이 있을까?

> 논의가 잘 진행되지 않는 경우 모델이 갖는 규칙성에 대하여

그림 18. 모델제시형의 탐색하기(일부분)

② **임시모델제안** : 그림 19에서와 같이 표면성장이 갖는 규칙성을 설명하는 방법으로 테트리스 게임의 규칙을 적용하여 임시모델을 이끌어내게 한다.

임시모델제안

3. 게임이 갖는 규칙성에는 어떤 것이 있는가?

- 블록이 모든 영역에 무작위로 떨어진다.
- 일단 블록이 붙으면 붙는 지점에 계속 쌓인다.

4. 게임의 규칙성을 적용하여 표면성장을 설명할 수 있는 모델을 만들고, 그림으로도 표현해보자.

- 테트리스 게임에서 시간이 지나면서 무작위로 쌓이는 블록의 모습으로 표면성장 현상을 설명할 수 있다.

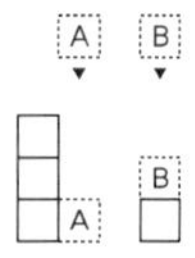

그림 19. 모델제시형의 임시모델제안

③ **검증하기** : 그림 20과 같이 임시모델이 현상을 잘 설명하는지 확인하기 위하여 시뮬레이션을 통해 검증의 과정을 거쳐 표면의 거칠기가 포화되지 않음을 확인하게 한다.

검증하기

5. 게임을 적용하여 고안한 모델이 우리의 예상대로 표면성장을 설명하기에 적합할까? 다음의 시뮬레이션을 보고 확인해보자.

5-1. 시뮬레이션 〈출처: http://statphys.ssu.ac.kr/frame/rd.html〉

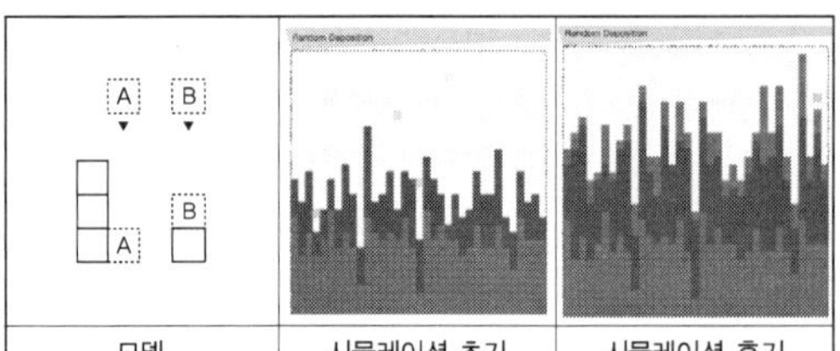

모델	시뮬레이션 초기	시뮬레이션 후기

5-2. 표면성장을 설명하기에 적합한가?

- 시간이 지나면서 경계면의 거칠기가 무한정 증가하는 문제점이 있다.

그림 20. 모델제시형의 검증하기

무작위 증착 모델
(Random deposition model)
가장 간단한 모델로, 제한 조건없이 임의의 위치에 블록이 떨어져 성장하는 모델로 일정해지는 지점이 없이 계속하여 거칠기가 증가하는 오류를 가지고 있다.

시뮬레이션을 보고 모델로 현상이 갖는 규칙성을 모두 설명할 수 있는지를 확인하게 한다.
〈출처: 숭실대학교 물리학과 통계물리 연구실 http://statphys.ssu.ac.kr/frame/rd.html〉

④ **수정하기** : 그림 21에서와 같이 임시모델이 표면성장의 포화현상을 설명하지 못하는 것을 해결하기 위하여 몇 가지 간단한 규칙을 찾아 추가하는 과정을 통해 임시모델을 수정하게 한다.

수정하기

6. 모델이 갖는 문제점을 해결하기 위하여 일정한 조건이나 규칙에 대하여 생각해보자.

- 떨어지는 물체가 나뭇가지에 달라붙는 것처럼, 블록이 옆의 블록에 붙는 조건을 넣어본다.
- 일정 높이 이상이 되면 쌓이지 않는 조건을 만든다.

Ⓐ 오류를 수정할 수 있는 제한 조건을 논의하게 하고, 논의가 잘 진행되지 않을 경우, 과학자의 모형들에 대한 적절한 안내를 한다.

그림 21. 모델제시형의 수정하기

⑤ **임시모델제안** : 수정하기 단계에서 논의된 조건이나 규칙을 적용하여 그림 22와 같이 표면성장 현상을 설명할 수 있는 새로운 임시모델을 제안하게 한다.

임시모델제안

7. 논의한 조건이나 규칙에 해당하는 모델을 생각하여, 그림으로 표현해보자.

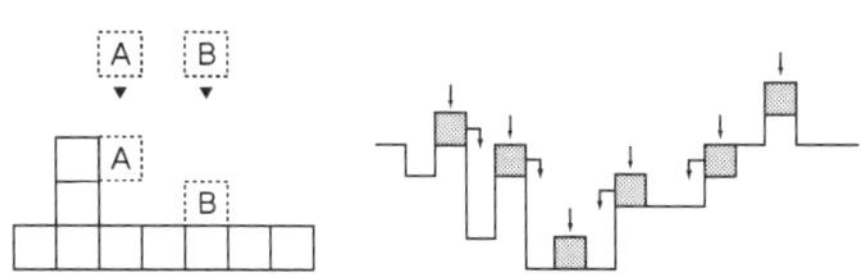

그림 22. 모델제시형의 임시모델제안

⑥ **검증하기** : 그림 23과 같이 시뮬레이션을 통하여 제안한 임시모델이 현상을 잘 설명하는지를 검증한다.

검증하기

8. 새로운 규칙을 적용한 모델이 표면성장을 잘 설명할 수 있는지 확인해보자.

8-1. 근접 블록과 상호작용하는 모델

〈출처: http://fisica.udea.edu.co/~mpaez/Jfracdim/Jfracdim.html〉

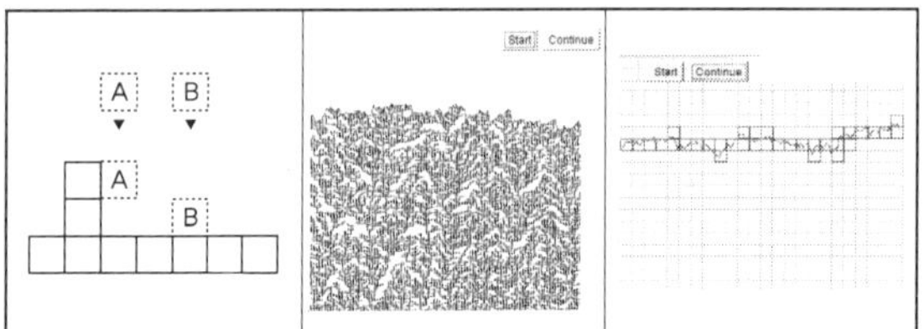

모델	성장 결과 화면	시뮬레이션

비행증착 모델 (Ballistic deposition)
어떤 입자들이 중력에 이끌려 떨어져서 바닥에 쌓일 때, 입자가 떨어지다가 인접한 다른 입자들의 기둥이나 가지에 붙어버릴 수 있다. 이런 일이 되풀이 되면 구멍이 듬성듬성 뚫려 있는 입자들의 더미가 형성되며 성장한다.
〈출처 : http://fisica.udea.edu.co/~mpaez〉

8-2. 일정 높이 수준까지 올라가고 낮은 쪽으로 떨어지는 규칙을 갖는 모델 〈출처: http://statphys.ssu.ac.kr/frame/rd_relax.html〉

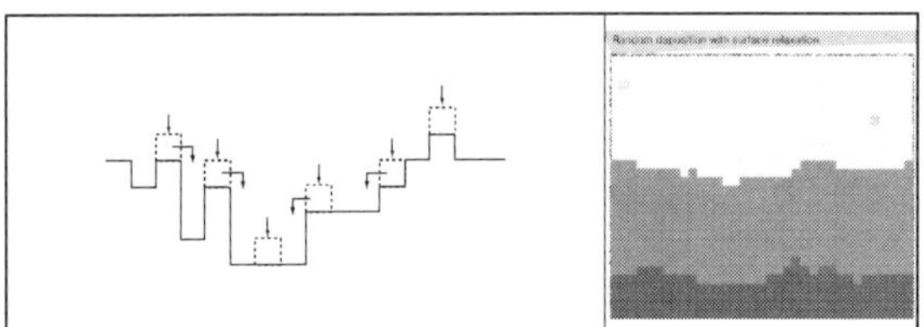

모델	시뮬레이션 1

표면완화 랜덤 증착 (Random deposition with surface relaxation)
일정 높이까지 블록이 쌓이면 그 위에 떨어진 블록이 옆 블록 아래로 떨어진다.
〈출처 : 숭실대학교 물리학과 통계물리 연구실 http://statphys.ssu.ac.kr/frame/rd.html〉

8-3. 각각의 모델에서 발견되는 문제점이 있는가?

- 빈 공간이 만들어지는 모델도 있지만, 현상이 갖는 규칙성을 설명하는 데 아무런 문제가 없다. 현상을 잘 설명한다.

그림 23. 모델제시형의 검증하기

⑦ **모델통합** : 그림 24와 같이 조별로 제안한 임시모델 중 표면성장 현상이 갖는 규칙성을 설명하기에 적합한 모델로 어떤 것들이 있는지 확인하게 한다.

모델통합

9. 표면성장 현상을 설명하기에 적합한 모델로 어떤 것들이 있었는가? 정리해보자.

- 근접 블록과 상호작용하는 모델이나 일정 높이 수준까지 올라가고 옆으로 떨어지는 모델로 표면성장 현상이 갖는 규칙성에 대한 설명이 가능했다.

그림 24. 모델제시형의 모델통합

⑧ **적용하기** : 그림 25에서와 같이 최종적으로 형성된 모델로 설명이 가능한 새로운 현상의 예를 찾아보게 한다.

적용하기

10. 지금까지 만들고 검증한 모형을 적용할 수 있는 다른 현상을 찾아보자.

- 크로마토그래피의 경계면에서 보이는 현상 설명
- 반도체 표면의 거칠기 완화를 위한 노력

과학자들은 표면성장 현상을 여러 가지 방법으로 규칙을 지닌 모델을 이용하여 설명하였고, 많은 부분에서 현상과 모델의 결과가 유사하게 나타나는 것을 확인하였다. 이를 응용하여 첨단 과학 기술에서도 실제 사용되고 있는데 반도체 공정이 그 예이다. 반도체의 재료를 만드는 과정에서 반도체 표면을 매끄럽고 균일하게 공정하기 위해 여러 가지 재료로 그 표면을 성장시키는데, 이때 표면성장 효과를 없애기 위한 노력의 방법으로 반도체 표면을 매끄럽게 성장시키기 위한 노력에 표면성장 연구가 기여를 한다.

그림 25. 모델제시형의 적용하기

(3) 아이디어산출형– 제목 : 우리 몸에 숨겨진 원리 (물리)

이 모듈은 외부 자극과 인간의 반응 사이의 관계를 알아보는 과정에서 학생들의 아이디어가 중심이 되어 진행이 되도록 설계되어 있다. 각 단계별 활동은 다음과 같다.

① **현상제시** : 그림 26과 같이 자극에 대하여 반응하는 몇 가지 예시 활동을 제시하여 주제를 파악하게 한다.

현상제시

1. 외부에서 주어지는 자극에 대해 인간은 어떻게 느끼고 반응하는지 다음 활동을 해보자.

1-1. 고무줄을 2cm, 4cm, 6cm로 늘려 친구의 손등에 쏘아보자. 고무줄의 길이(외부 자극)가 길어질수록 아픔을 느끼는 정도(반응 정도)는 어떻게 되는가?

- 고무줄이 길어질수록 더 아프게 느낀다.

1-2. 책상을 손으로 약하게 쳐보고, 소리를 들어보자. 다음에는 책상을 손으로 강하게 쳐보고, 소리를 들어보자. 책상을 손으로 친 강도(외부 자극)와 느껴지는 소리의 크기(반응 정도)는 어떤 관계가 있는가?

- 책상을 강하게 칠수록 소리가 크게 들린다.

그림 26. 아이디어산출형의 현상제시

② **탐색** : 그림 27과 같이 예상하기 내용을 정리하면서 자극의 강도와 인간이 느끼는 반응의 정도에 대한 관계를 생각해보게 한다.

탐 색

2. 외부에서 주어지는 자극의 강도를 점차 올리거나 낮추면 인간이 느끼는 반응의 정도는 어떻게 변할지 예상해보자.

2-1. 고무줄이 손등에 가하는 충격의 강도를 계속 높여 나간다면, 인간이 느끼는 아픔의 정도는 어떻게 달라질까?

- 손등에 가하는 충격의 강도를 높일수록, 인간이 느끼는 아픔의 정도도 계속 높아진다.
- 손등에 가하는 충격의 강도를 높이면, 일정 수준의 충격까지는 아픔의 정도가 비례하여 증가하다가 너무 큰 충격에는 감각을 잃어버린다.
- 일정 수준의 충격까지는 비례하여 아픔을 느끼다가 일정 수준 이상의 충격에서는 모두 같은 아픔을 느낀다.

학생들이 자유롭게 예상할 수 있도록 해주고, 옳고 그름에 대한 피드백을 주지는 않는다.

2-2. 고무줄이 손등에 가하는 충격의 강도를 계속 줄여 나간다면, 인간이 느끼는 아픔의 정도는 어떻게 달라질까?

- 손등에 가하는 충격의 강도를 낮출수록, 인간이 느끼는 아픔의 정도도 계속 낮아진다.
- 손등에 가하는 충격의 정도가 매우 낮아지면, 인간이 느끼지 못하는 지점이 있을 것이다.

2-3. 위의 결과를 바탕으로 외부에서 주어지는 자극의 강도와 인간이 느끼는 반응의 정도는 어떤 관계가 있을지 예상해보자.

- 외부에서 주어지는 자극의 강도를 높이면, 인간이 느끼는 반응의 정도도 비례하여 증가한다.
- 외부에서 주어지는 자극의 강도를 높이면, 일정 수준의 자극까지는 반응의 정도가 비례하다가 일정 수준 이상의 자극에서는 반응이 일정하게 나타난다. 또는, 반응을 느끼지 못하게 된다.

그림 27. 아이디어산출형의 탐색

③ **아이디어제시(idea pool)** : 그림 28과 같이 외부 자극에 대하여 인간의 반응 정도를 알아보기 위한 실험아이디어를 고안하여 발표하게 한다.

아이디어제시 (idea pool)

3. 외부에서 주어진 자극에 대한 인체의 반응 정도를 알아볼 수 있는 실험 아이디어를 생각해보고, 모둠별로 발표해보자.

- 빛의 세기에 따라 인간이 느끼는 밝기의 정도를 실험해본다.
- 소리의 진폭에 따라 소리의 세기를 실험해본다.
- 소리의 진동수에 따라 소리의 높낮이의 변화를 실험해본다.
- 온도에 따라 피부의 춥고 더움의 정도를 비교해본다.
- 외부에서 가하는 압력의 정도에 따라 아픔의 정도를 비교해본다.

Ⓢ 학생들이 아이디어를 제시하는 것을 어려워할 경우, 인간이 느끼는 자극의 종류와 감각기관, 인간이 느끼는 반응에 대해 아래처럼 생각해 보도록 한다.

자극 – 감각기관 – 반응
빛의 세기 – 눈 – 밝기로 느낌
음파의 진폭 – 귀 – 소리의 세기
음파의 진동수 – 귀 – 소리의 높낮이
기체화학물 – 코 – 향기의 강도
액체화학물 – 혀 – 맛의 강도
온도 – 피부 – 춥고 더움
압력 – 피부 – 아픔의 정도

그림 28. 아이디어산출형의 아이디어제시

④ **아이디어선별** : 그림 28과 같이 여러 실험 아이디어 중 가장 적합한 아이디어를 선택하게 한다.

아이디어선별

4. 여러 실험 아이디어 중 가장 적절한 방법을 찾기 위한 기준을 생각해서 적어보자.

- 자극을 수치화 또는 정량화 할 수 있는가?
- 인체의 반응을 정량화 또는 등분화 할 수 있는가?
- 자극의 정도를 측정할 수 있는 실험도구나 사물이 있는가?
- 반응의 정도를 알아볼 수 있는 실험도구나 사물이 있는가?
- 어떤 변인을 통제해야 하는가?
- 현 실험실에서 실현 가능한 실험인가? 등

Ⓢ 아이디어를 선별하는 과정에서 학생들이 자극과 반응을 수치화 또는 단계화할 수 있는 것이어야 함을 인식하도록 하고, 우리 생활 주변에서 쉽게 구할 수 있는 도구로 가능한 실험을 선별하도록 한다. 그러면, 소리의 진동수에 따른 소리의 높낮이의 변화를 관찰하는 것으로 아이디어를 수렴할 수 있을 것이다.

5. 위의 설정된 아이디어선별기준을 고려하여 가장 적절한 아이디어를 선택해보자.

- 소리의 진동수에 따라 소리의 높낮이의 변화를 실험해본다.

그림 29. 아이디어산출형의 아이디어선별

⑤ **탐구설계** : 자극과 반응에 대한 실험으로 선택된 아이디어를 검증하기 위하여 탐구의 계획부터 준비까지 스스로 탐구를 설계하도록 한다. 여기서는 소리의 진동수에 따른 높낮이의 변화를 알아보는 실험을 예시자료로 제시하였다. 그림 30은 탐구설계 단계의 일부분이다.

탐구설계 (아이디어디자인)

6. 여러분이 선별한 아이디어를 검증할 수 있는 실험을 설계해 보자.

> 본 안내서에서는 소리의 진동수에 따른 소리의 높낮이의 변화를 탐구하는 실험을 중심으로 내용을 전개하였다.

6-1. 선택한 아이디어를 좀 더 구체화시켜 보자.

• 낮은 도에서 높은 도까지의 1옥타브를 〈도, 도#, 레, 레#, 미, 파, 파#, 솔, 솔#, 라, 라#, 시〉 12단계로 나누어진 현재의 악기들은 각 단계마다 일정한 소리의 높이 간격을 가진 것으로 간주할 수 있다.
따라서, 인간이 느끼는 소리의 높낮이는 악기를 통해 등분화(단계화)될 수 있다. 또한, 각 음마다의 진동수를 측정하면 외부 자극의 정도를 알 수 있다. 이 진동수와 각 음 사이의 상관 관계를 찾아봄으로써 외부 자극과 인간의 반응 사이의 관계를 알 수 있다.

6-2. 필요한 준비물을 적어보자.

> cooledit 프로그램의 데모판은 인터넷상에서 쉽게 구할 수 있으며, 프로그램의 사용법도 간단한 편이다.

• 선택한 외부 자극 : 소리의 진동수
• 선택한 외부 자극의 정도를 측정할 수 있는 실험도구(사물) : 녹음이 가능한 컴퓨터(사운드 카드, 마이크), cooledit 프로그램
• 선택한 외부 자극에 대한 인간의 반응 : 소리의 높낮이
• 인간의 반응 정도를 정량화 또는 등분화할 수 있는 실험도구(사물) : 잘 조율된 피아노, 플룻, 목소리 등
• 기타 필요한 준비물 : 계산기, 연필 등

> cooledit에서 주파수 분석을 하면 특정 간격에 따른 주파수를 분석하게 되는데, 너무 낮은 음은 진동수의 차이가 매우 작기 때문에 분석에 적합하지 못하다.
> 피아노 분석 시 C3 이상에서 분석하도록 하며, 현악기보다는 관악기가 실험결과가 더 잘 나온다. 사람의 육성으로 도, 레, 미, 파, … 음을 소리 내어 분석하여도 비슷한 결과를 얻을 수 있다.

6-3. 기본적인 변인들을 구별하여, 실험상황에서 어떻게 통제할지를 생각해보자.

• 종속변인 : 피아노의 음높이 (적당한 간격으로 등분배한다.)
• 독립변인 : 음의 진동수
• 통제변인 : 피아노 건반을 누를 때의 강도(세기), 주위의 잡음

그림 30. 아이디어산출형의 탐구설계(일부분)

⑥ **결과분석 및 아이디어검증**: 제시한 아이디어를 검증하기 위하여 결과를 분석하여 확인하게 한다. 그림 31은 결과분석 및 아이디어검증 단계의 일부분이다.

결과분석 및 아이디어검증활동

7. 설계된 실험방법을 바탕으로 실험을 수행하고, 표와 그래프로 나타내보자.

7-1. 선택한 외부 자극(음의 진동수)에 따른 인간의 반응(음의 높이)을 표로 기록해보자.

	진동수 (1회)	진동수 (2회)	진동수 (3회)	평균값
도(C3)	130.32	131.12		130.813
도#(C#3)				138.592
레(D3)	146.29	145.82		146.833
레#(D#3)				155.564
미(E3)	164.59	164.15		164.814
파(F3)	173.07	167.92		174.614
파#(F#3)				184.997
솔(G3)	195.13	190.51		195.998
솔#(G#3)				207.653
라(A3)	219.5	222.87		220
라#(A#3)				233.082
시(B3)	245.81	242.61		246.942
도(C4)	261.19	256.25		261.626
도#(C#4)				277.183
레(D4)	291.92	289.14		293.665
레#(D#4)				311.127
미(E4)	327.69	324.64		329.628
파(F4)	349.09	335.05		349.228
파#(F#4)				369.994
솔(G4)	389.06	385.55		391.995
솔#(G#4)				415.305
라(A4)	436.26			440
라#(A#4)				466.164
시(B4)	491.46			493.883
도(C5)	517.7			523.252

진동수 분석 결과창에 보면 FFT size가 있다. 이는 진동수를 얼마나 세분해서 그래프를 그릴 것인가를 결정하는 지수로, 숫자가 낮으면 그만큼 정밀도가 떨어진다.
본 실험에서는 FFT size = 4096 정도가 적합하다.

결과표의 수치는 다음과 같다.
1회 : 피아노 측정 결과
2회 : 남성 목소리 측정 결과
평균값 : 각 음에 대한 표준화 된 실제 진동수
→ 실험상의 편의를 위해 1회, 2회의 실험은 피아노의 흰 건반에 해당하는 음만 측정하였다.
검은 건반에 해당하는 값은 실제 진동수를 보고 실험치와 비교하면 된다.
→ 보다 다양한 실험결과는 뒤의 참고자료를 보면 된다.

그림 31. 아이디어산출형의 결과분석 및 아이디어검증활동(일부분)

⑦ **아이디어확정**: 그림 32에서와 같이 결과분석 내용을 바탕으로 외부 자극과 인간의 반응 사이의 관계에 대한 아이디어를 확정하게 한다.

아이디어확정

9. 지금까지의 내용을 바탕으로 외부 자극과 인간의 반응 사이에는 어떤 상관관계가 있는지 정리해보자.

- 인간은 외부 자극에 대해 로그함수적으로 반응한다.
  즉 $y = K\log(x/x_0)$의 관계식을 얻을 수 있다. (y : 반응, x : 자극)

이와 같은 관계식을 알아낸 사람은 페히너이다. 그는 독일의 물리학자이며 철학자였던 사람으로 자극과 감각의 세기의 관계를 양적으로 연구하였고, '페히너의 법칙(베버-페히너의 법칙)'으로 알려진 공식을 정리하였다.

그림 32. 아이디어산출형의 아이디어확정

⑧ **아이디어적용(일반화)** : 외부 자극과 인간의 반응 사이의 관계를 알아보는 실험결과를 일반화하기 위하여 실험이 갖는 한계를 먼저 알아보고, 일반적인 관계식을 이끌어내게 한다. 그림 33은 아이디어적용 단계의 일부분이다.

아이디어적용 (일반화)

10. 외부 자극과 인간의 반응 사이의 상관관계를 알아보기 위해 선택한 실험의 한계점은 무엇인가?

- 우리가 선택한 소리의 진동수와 음의 높이 사이의 상관관계를 알아보는 특수한 실험 1가지를 가지고, 인간의 자극과 반응에 대한 상관관계를 알아냈다고 하는 데는 일반화의 오류가 있을 수 있으므로, 다른 자극과 반응에 대한 실험도 수행해 봄으로써 이 상관관계의 유용성 및 정확성을 검토해 볼 필요가 있다.
- 외부에서 주어진 자극에 대한 인간의 반응은 무조건적으로 위의 그래프를 따르는 것이 아니라 심리적인 요인, 환경적인 요인, 인지적인 요인 등 다양한 요인에 의해 달라질 수 있음을 인식해야 한다.

11. 일상 생활에서 자극에 대한 우리의 반응과 위의 관계식을 연관시켜 생각해보자.

- 자극이 매우 작게 주어지면 우리가 느끼지 못하는 경우가 있다. 이는 위의 그래프에서 최소극치가 존재하는 것과 관련이 있다.
- 아주 큰 자극을 주면 그 강도가 서로 다르더라도 비슷하게 느껴진다. 이는 자극의 강도가 커져도 반응이 그 강도의 차이 만큼 민감하게 커지지 않는 것과 관련된다. 이는 인간을 보호하는 역할을 한다.

이것만은 꼭!

거의 100년 전에 만들어진 페히너의 법칙은 반드시 자극과 반응의 관계를 완벽하게 표현한 것은 아니라는 것이 밝혀졌다.
1950년대에 Stevens는 감각의 크기를 자극의 지수의 멱함수로 나타냈고, 이를 스티븐스의 지수 법칙이라고 했다.
따라서, 자극과 반응의 관계식을 학생들이 100% 옳은 법칙으로 인식하도록 하면 안 된다. 인간은 심리적, 환경적 요인 등 다양한 영향을 받아 반응하는 복잡한 존재이므로 페히너의 법칙처럼 단순하게 모든 것을 표현할 수 있는 것은 아님을 반드시 이해시키고, 단지 그러한 경향성이 있다는 것과 심리학과 물리학이 접목된 이러한 연구도 진행되고 있음을 알려주는 기회로 삼았으면 한다.

그림 33. 아이디어산출형의 아이디어적용(일부분)

(4) 유사세런디피티형 – 제목 : 푸른 공팡이에서 피어난 기적의 열매 (생물)

이 모듈은 읽기자료 등을 통하여 과학자의 우연한 발견이 새로운 산출물을 만드는 과정에 대한 학습이 이루어지도록 설계되어 있다. 각 단계별 활동은 다음과 같다.

① **탐색** : 그림 34와 같이 눈물이나 침 등의 역할을 생각해보게 하여 주제관련 현상에 대하여 탐색하게 한다.

탐 색

1. 웬만큼 가렵거나 벌레 물린 자리에는 침을 쓱 발라 두면 조금 가라앉게 되는데 침은 무슨 역할을 할 것이라 생각되는가?

- 천연 물파스 역할을 한다.
- 천연 연고 역할을 한다.

2. 침과 같은 역할을 하는 다른 예에 대한 다음 글을 읽고 생각해 보자.

> 1921년 플레밍은 지독한 감기에 걸리자 자신의 콧물을 조금 채취해서 배양하면서 관찰하고 있었고 배양접시는 황색 세균으로 가득 차 있었다. 어느 날 배양접시에 노란색 균체가 오염되어 자라고 있었는데, 한쪽에 균들이 자라지 않고 반투명체로 빛나는 형태를 보이고 있었다. 즉, 플레밍의 콧물 방울 주변에서는 세균이 자라지 않고 있었던 것이다.

2-1. 이 사건을 통해 플레밍이 발견하게 된 사실은 무엇인가?

- 사람의 콧물에는 세균의 생육을 억제하는 물질이 들어있다.

그림 34. 유사세런디피티형의 탐색

② **우연한 관찰** : 포도상 구균에 대한 플레밍의 연구에 대한 읽기자료 등을 이용하여 곰팡이와 세균의 관계에 대한 과학자의 우연한 관찰을 학습자가 직접 경험하게 한다. 그림 35는 우연한 관찰 단계의 일부분이다.

우연한 관찰

3. 아래 사진은 세균을 배양하는 중인 고체 배지가 어떤 곰팡이로 인해 오염된 모습이다.

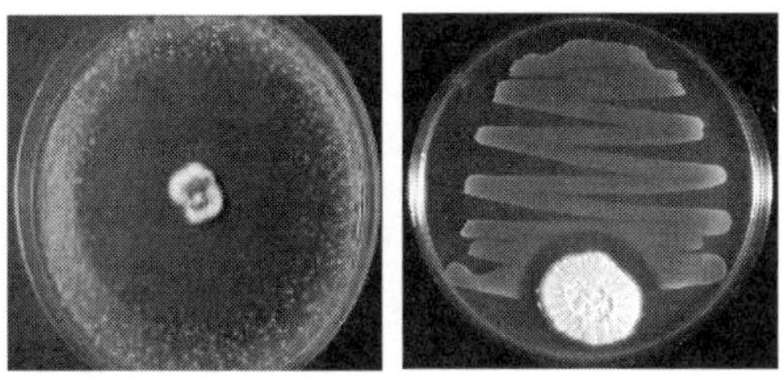

〈출처 : 좌 : kr.blog.yahoo.com, 우 : ask.nate.com〉

3-1. 이 두 사진에서 공통적으로 관찰할 수 있는 사실은 무엇인가?

- 곰팡이가 자라는 주변에는 세균이 자라지 않는다.

3-2. 곰팡이와 세균 사이에 어떤 일이 일어났을 거라 예상할 수 있는가?

- 곰팡이가 어떤 물질을 분비하여 주변의 세균을 죽였을 것이다.

4. 다음의 일화는 포도상 구균에 대해 연구하던 플레밍의 이상한 경험을 보여준다.

1928년 9월의 어느 월요일, 휴가를 다녀온 뒤 나는 실험실 테이블에 쌓여 있던 배양접시를 들여다보고 있었어요. 한천 배양접시에는 항상 오염된 곰팡이들이 실험결과를 망쳐놓기도 하거든요. 배양접시를 보고 있다가 어느 배양접시에 눈길이 갔어요. 다른 접시에도 곰팡이가 오염되어 자라고 있었는데, 유독 그 배양접시 주변에 있던 포도상 구균들이 녹아서 마치 이슬방울처럼 보였거든요.

나는 옆에 있던 조수에게 "이것 참 재밌는 일이군"이라고 말하며 보여주었어요. 그러자 그 조수는 "꼭 라이소자임을 발견하던 상황과 같군요"

Ⓢ '푸른 곰팡이'는 빵이나 떡 같은 음식에 많이 생긴다.

Ⓢ 푸른 곰팡이(Penicillium)
빗자루 모양의 분생자(分生子) 자루를 가진 곰팡이의 총칭.
보통 자낭균류에 포함시키지만, 자낭이 없는 것도 적지 않으므로 정확하게는 불완전균류에 포함시키며, 자낭이 있는 것만 탈라로미케스(Talaromyces) 또는 카르펜텔레스(Carpenteles)라고 한다. 일반 가정에서도 흔히 볼 수 있으며, 약 150종이 있다. 빛깔은 일정하지 않아 청록색·녹색·황록색등이 많고, 드물게 갈색·홍갈색의 것도 있다. 분생자 자루의 선단에 피아라이드라고 하는 구조가 생겨 그 선단에서 밀려나온 포자가 염주 모양으로 많이 배열되어 생긴다.
노타툼(P. notatum)이나 크리소게눔(P. chrysogenum) 등의 종은 페니실린이라는 항생물질을 특히 잘 생성하므로 이것으로 의약품을 만들고 있다. 또 톡시카리움(P. toxxicarium)이나 이슬란디쿰(P. islandicum)은 인축에 유독한 물질을 생성하는 것으로 알려져 있어 동물 사료에서 문제가 된다.

Ⓢ 포도상 구균들을 배양해 놓은 샬레를 현미경으로 유심히 관찰하다가 우연히 푸른 곰팡이가생기면 그 주위의 포도상 구균이 녹는 현상을 발견한 것이다. 자칫 잘못된 배양으로 판단하고 샬레를 버렸을지도 몰랐다고 한다.

그림 35. 유사세런디피티형의 우연한 관찰(일부분)

③ **관찰된 현상의 이해** : 그림 36과 같이 우연한 기회에 항생제인 페니실린이 개발되는 것을 통하여 우연한 관찰이 새로운 산출물을 만들게 됨을 학습하게 한다.

관찰 및 현상의 이해

5. 플레밍이 관찰한 배양접시에서 곰팡이와 포도상 구균 사이에서 일어난 일을 위에서 제시한 '라이소자임'과도 연관시켜 설명해 보자.

- 모든 생물은 외부 침입자에 대항하기 위한 면역체계를 가지고 있다. 사람의 점액(눈물, 콧물, 침)에는 '라이소자임'이라는 효소가 들어있어 세균의 생육을 억제한다. 마찬가지로 곰팡이 등의 미생물들 중에는 다른 미생물들의 침입을 방지하기 위해 이들을 죽이는 물질을 분비한다. 세균끼리는 물론이고 세균과 곰팡이, 곰팡이와 곰팡이 사이에서도 서로 다툼(살생)이 있는지라, 문제의 배양접시로 날려 온 푸른 곰팡이가 분비한 항생제 물질, 즉 페니실린이 포도상 구균을 죽였던 것이다.

6. 현재 우리는 푸른 곰팡이가 만드는 물질을 정제하여 유용하게 쓰고 있는데, 그것은 무엇이며 어떤 작용을 하는가?

- 항생제로서의 페니실린이다. 많은 종류의 세균의 성장을 멈추게 하고 번식하는 것을 방지한다.

최초의 항생제인 페니실린은 발견 그 순간부터 '기적의 물질'로 불렸다. 항생제의 가장 큰 특징은 인간에게는 해가 적으면서도 세균에게는 치명적인 독성을 지닌다는 것이었다. 기존의 소독약들이 인간의 백혈구든 세균이든 가리지

그림 36. 유사세런디피티형의 관찰된 현상의 이해

④ **새로운 탐구** : 우연한 발견이 페니실린을 개발하게 하는 새로운 탐구로 이어지는 과정을 학습한다. 그림 37은 새로운 탐구의 일부분이다.

새로운 탐구

7. 페니실린은 모든 세균에 동일하게 작용하지는 않는다. 즉, 페니실린은 그람양성세균에 매우 효과적이지만(생육억제 효과가 높다), 그람음성세균에게는 효과적이지 못하다.
이것은 그람양성균과 그람음성균의 어떤 차이에 기인한 것이며, 페니실린에 세균의 생육을 어떻게 억제하는지 알아보자.

7-1. 그람양성균과 그람음성균 간에는 어떤 형태적인 차이가 있는가?

- 원핵세포 구조를 가지고 있는 생물은 세균류와 남조류이다. 세균류는 그람양성균과 그람음성균으로 분류되는데 덴마크의 의사인 그람(Christian Gram)이 동물 조직 중의 세균을 검출하기 위해서 사용한 방법으로, 세포를 Triphenylmethane 색소인 Gentian violet와 아이오딘 용액으로 염색하고 acetone이나 alcohol로 세척하여도 세포에 색소가 남아 있으면 그람양성균(Gram positive)이라 하고, 염색되지 않고 탈색되는 것을 그람음성균(Gram negative)이라고 한다.

Ⓢ 항생제는 넓게 말해 미생물을 죽이는 물질들을 의미하지만, 요즘에는 좁은 의미로 세균, 즉 박테리아를 죽이는 물질을 의미하고, 바이러스를 죽이는 물질은 항바이러스제, 곰팡이를 죽이는 물질은 항진균제라고 구분하기도 한다.

그림 37. 유사세런디피티형의 새로운 탐구(일부분)

⑤ **적용**: 그림 38과 같이 우연한 발견으로 생성된 새로운 산출물로서의 항생제의 예를 찾아보고, 항생제의 실제 적용사례를 확인하게 한다.

적 용

9. 이외에 다른 항생제들의 예를 들어보고, 어떤 작용을 하는지 조사해보자.

- 세팔로스포린(cephalosporin)계에 속하는 항생제 – 페니실린처럼 세균의 세포벽 합성을 저해한다.
- 아미노글리코사이드(aminoglycoside)계, 테트라사이클린(tetracycline)계 클로람페니콜 등의 항생제 – 서로 작용하는 범위는 다르지만, 세균이 생존을 위해 만들어내는 필수적인 단백질 합성 과정을 방해해 세균을 죽이는 작용을 한다.
- 퀴놀론(quinolones)계 항생제 – 세균이 DNA를 합성하는 과정을 방해하여 세균을 죽인다.
- 설폰아마이드(sulfonamides)계 항생제 – 세균이 가진 특정 효소들을 억제하며한다.
- 폴리마이신(polymixins) – 세균의 세포막을 파괴시켜 세균을 죽인다.

Ⓢ 시각자료를 활용하여 학생들의 이해를 돕는다.

그림 38. 유사세런디피티형의 적용

Chapter 2

문제해결형 모듈

01 주기가 일정한 흔들이 만들기

수업모델 문제해결형 – 시범보이기

이 수업은 과학자의 연구형태 중 문제해결형으로 진행된다. 주기가 일정한 흔들이를 만들어가는 과정에서 발생되는 문제를 해결해가는 것이 이 수업의 목표가 된다. 문제해결형의 연구과정에서 본 모듈은 예상 및 탐색하기가 하나의 과정으로 수정되었고, 결과분석과 문제해결안됨의 과정이 빠져있다.

『문제해결형의 수업과정』

예상 및 탐색하기* → 활동 → 결과분석 → 문제상황발견 → 해결상황모색
↑ (문제해결안됨) ↓
문제해결 ← 결과분석 ← 문제해결활동

수업개요

주기가 일정한 흔들이를 만들어 보는 과정을 과학자의 연구과정의 단계를 하나씩 밟아가도록 본 모듈은 시범보이기의 단계로 구성되어 있다. '흔들이의 주기는 무엇과 연관이 있을까'를 예상해보고, 실험을 통해 흔들이의 주기와 관련이 있는 물리량을 확인하는 활동을 거친다. 주기를 일정하게 하기 위해서는 실의 길이와 진폭을 일정하게 해야 한다는 사실을 알지만, 진폭을 일정하게 하기란 쉽지 않다. 이때 문제상황을 발견하게 되고, 진폭에 관계없이 주기가 일정한 흔들이를 만드는 방법을 찾아 문제를 해결해 나가는 것이 이 수업의 특징이다. 사이클로이드 곡선을 따라 추가 움직이게 되면 진폭이 커져도 주기가 일정하게 되는데, 학생들이 사이클로이드를 해결방안으로 고안하기가 쉽지 않으므로 참고자료의 형태로 제시하였다. 실제로 호이겐스는 사이클로이드를 이용하여 세계 최초로 시간을 정확하게 잴 수 있는 '진자시계'를 만들었다. 이 수업은 이러한 호이겐스의 문제해결과정과 방법을 습득할 수 있도록 구성되어 있다.

수업안내

- 수업 대상 : 중학생 이상
- 예상 소요시간 : 3시간
- 수업 준비물 : 진자실험장치, 초시계, 방안지, 깡통, 큰 종이 등

학습목표

1. 사이클로이드 곡선을 이용하여 주기가 일정한 흔들이를 만들 수 있다.
2. 주기가 일정한 흔들이를 만드는 과정에서 과학자의 연구형태와 사고과정을 학습한다.

예상 및 탐색하기

1. 다음을 생각해보자.

1-1. 추와 같은 특정 물체를 줄(실 또는 끈)에 매어 단 후에 흔들리게 해둔 것을 무엇이라고 할까?

- 흔들이, 진자

1-2. 흔들이가 한 번 왕복 하는 데 걸리는 시간은 무엇과 관계가 있을까?

- 추의 질량, 실의 길이, 진폭

활 동

질량과 주기의 관계

2. 흔들이를 만들고, 추가 왕복하는 데 걸리는 시간은 무엇과 관계있는지 실험해보자.

[준비물]

초시계, 스탠드, 질량이 다른 추 5개, 클램프, 자, 실 등

2-1. 질량에 따라 추가 왕복하는데 걸리는 시간이 어떻게 달라지는지 알아보자. 추가 한 번 왕복하는 데 걸리는 시간을 어떻게 측정할까?

- 한 번 왕복하는 데 걸리는 시간을 정확히 측정하는 것이 어려우므로 10번 왕복하는 데 걸리는 시간을 3회 측정한 다음 평균을 내어 주기를 구한다.

주기에 영향을 주는 요인들을 스스로 생각해 볼 수 있도록 직접 진자를 만들어 보여준다.

고등학생의 경우 중학교 교육과정에서 진자의 주기는 진폭과 무관하다고 배웠지만, 실험을 하면 그렇지 않다는 것을 아는 것이 활동의 목적이다.

여러 가지 변인

1. 독립변인 : 실험결과에 영향을 미치는 변인
   ㄱ. 통제변인 : 실험하는 동안 일정하게 유지시켜야 하는 변인

2-2. 질량을 변화시켜 가며 왕복 시간을 측정할 때, 변화시키지 않아야 할 것에는 어떤 것이 있는가?

- 진폭, 실의 길이

ㄴ. 조작변인 : 가설검증을 위해 의도적이고 체계적으로 변화시켜야 하는 변인

2. 종속변인 : 독립변인이 변함에 따라 변하는 변인

조작변인을 바꾸어 반복실험을 할 수 있도록 한다.

2-3. 추의 질량을 변화시켜 가며 주기를 측정하자.

추의 질량(g)		50	100	200	300
주기(s)	1회	14.59	14.56	14.68	14.75
	2회	14.57	14.75	14.63	14.65
	3회	14.60	14.68	14.65	14.63
	평균	14.59	14.66	14.65	14.68

실의 길이와 주기의 관계

3. 실의 길이에 따라 추가 왕복하는 데 걸리는 시간이 어떻게 달라지는지 알아보자.

3-1. 실의 길이를 변화시켜 가며 주기를 측정할 때, 변화시키지 않아야 할 것에는 어떤 것이 있는가?

- 추의 질량, 진폭

3-2. 실의 길이를 변화시켜 가며 주기를 측정해보자.

계속되는 반복실험으로 지루해 하기 쉽지만 정확한 데이터를 얻기 위한 과정임을 숙지시킨다.

실의 길이(cm)		25	50	75	100
주기(s)	1회	10.41	14.59	17.47	20.35
	2회	10.34	14.47	17.41	20.44
	3회	10.47	14.60	17.47	20.37
	평균	10.41	14.55	17.45	20.39

진폭과 주기의 관계

4. 진폭에 따라 주기가 어떻게 달라지는지 알아보자.

4-1. 진폭을 변화시켜 가며 주기를 측정하자. 이때 변화시키지 않아야 할 것에는 어떤 것이 있는가?

- 실의 길이

4-2. 진폭을 변화시켜 가며 주기를 측정해보자.

진폭(cm)		10	20	30	40	50
주기(s)	1회	14.56	14.75	15.15	15.13	15.59
	2회	14.54	14.75	14.96	15.20	15.53
	3회	14.53	14.81	15.16	15.16	15.57
	평균	14.54	14.77	15.09	15.16	15.56

자료 변환하기

물리량 사이의 관계를 한눈에 알아보기 쉽게 하기 위해서는 반드시 실험을 통해 얻은 자료를 그래프로 변환하여 살펴보는 과정이 필요하다는 것을 알려준다.

5. 흔들이의 주기와 질량, 주기와 실의 길이, 주기와 진폭의 관계를 그래프로 나타내보자.

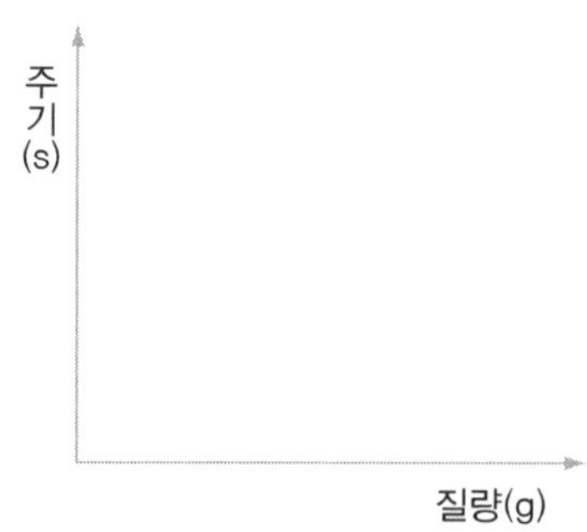

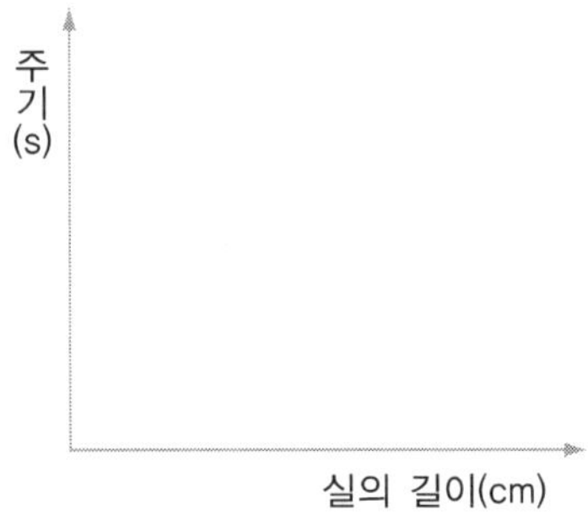

문제상황발견

6. 흔들이의 주기에 영향을 미치는 요인들에 대해 생각해보자.

6-1. 추의 질량이 변화하면 왕복시간은 어떻게 달라지는가?

- 변화없다.

> 중학교 교육과정 내에 나와 있는 내용과 마찬가지로 실험을 통해 얻은 결과 역시 흔들이의 주기는 질량과는 관계가 없고, 실의 길이와 관련 있다는 것을 확인한다.

6-2. 실의 길이가 변화하면 추가 왕복하는 데 걸리는 시간은 어떻게 달라지는가?

- 추의 길이가 길어지면 추가 왕복하는 데 걸리는 시간이 길어진다.

6-3. 진폭이 변화하면 주기는 어떻게 달라지는가?

- 진폭이 작은 범위에서는 진폭이 커져도 주기가 변화하지 않았지만, 진폭이 커지면 주기가 길어진다. 즉, 진폭이 작을 경우에만 주기는 진폭에 관계없이 일정하다.

진폭과 주기는 무관하다고 예상하였지만, 진폭이 커질수록 주기는 증가되었다는 사실을 발견하도록 한다. 간혹 작은 오차라 해서 진폭과 주기가 무관하다는 결론을 내릴 수 있으니, 학생들의 결과 해석과정을 자세히 살펴볼 필요가 있다.

해결상황모색

다음 사이트에 가면 사이클로이드를 그리고, 제작되어 실제로 녹색공이 가장 천천히 내려오는 것을 확인 할 수 있다.
〈출처 : http://scitechantiques.com/cycloidhtml/〉

7. 지금까지 해본 실험결과들을 이용하여 진폭에 관계없이 일정한 주기를 갖는 흔들이를 만들 수는 없을까? 다음을 생각해보자.

7-1. 어떤 것이 먼저 떨어질까?

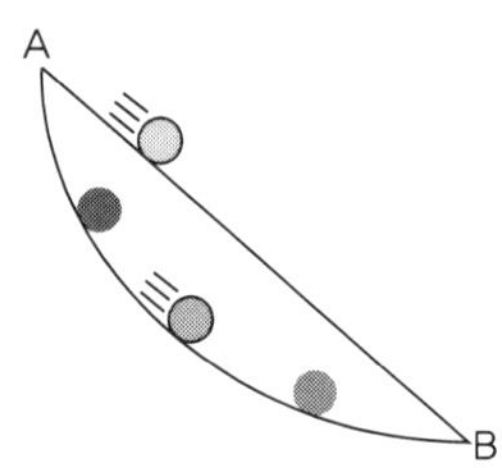

- 녹색이 나중에 떨어지고 빨강 파랑 분홍은 똑같이 떨어진다!

7-2. 왜 그렇게 생각하는지 그 이유를 써보자.

- 두 점 사이의 곡선이 사이클로이드 곡선일 때, 가장 빠른 시간에 내려온다.

사이클로이드를 처음 접하는 학생에게는 이해가 쉽지 않으므로 사이클로이드형으로 만들어진 구조물 등을 보여주어 친숙하게 생각 할 수 있도록 한다.

7-3. 네덜란드의 과학자 호이겐스는 1656년에 떨어뜨리는 높이에 관계없이 동일한 시간에 바닥에 도달하는 곡선(사이클로이드)을 연구하였다. 그는 이 곡선을 이용하여 진폭이 커져도 진폭과 무관한 주기를 가진 흔들이를 만들 수 있었다. 다음에 나와 있는 자료를 참고로 하여 사이클로이드 곡선에 대해

알아보자.

신기한 곡선 사이클로이드

우리 주변에는 아르키메데스 나선이나 베르누이 나선 그리고 사이클로이드(cycloid)와 같이 많은 사람들의 마음을 사로잡은 아름다운 곡선이 많다.

아르키메데스 나선은 나사에서 볼 수 있는 것과 같이 일정한 간격으로 감겨있는 나선으로, 유명한 아르키메데스 펌프가 바로 이 나선을 이용한 것이며, DNA의 이중나선 역시 이 구조이다. 베르누이 나선은 로그나선 또는 등각나선, 황금나선 등의 여러 가지 이름으로 불리는데, 한 번 회전할 때 마다 일정한 비율이 곱해져서 생기는 곡선이다. 특히 베르누이 나선의 경우 피보나치 수열과 밀접한 관계가 있으며, 앵무조개 껍질이나 솔방울의 모양 등 자연에서 흔히 찾아 볼 수 있는 자연 생성의 기본원리와 관계가 있기도 하다.

사이클로이드 또한 이들 나선 못지않게 놀라움을 간직한 신비의 곡선으로, 파스칼이 사이클로이드를 연구하며 고통스러운 치통을 잊었다는 일화가 있을 만큼 이 곡선의 아름다움에 매료된 사람이 많았다. 이 때문에 수학자들은 '사이클로이드'를 종종 헬렌(트로이 전쟁을 일으킬 정도의 미모를 가진 왕비)의 아름다움에 빗대어 '기하학의 헬렌(The Helen of geometry)'이라고 부르기도 한다. 사이클로이드는 바퀴라는 의미의 그리스어에서 나온 말로 회전하는 바퀴상의 한 점의 궤적을 나타낸다. 예를 들어 퀵보드 바퀴의 한 지점에 발광 다이오드를 붙여 B셔트 촬영을 한다면 사진에는 호빵 모양의 곡선이 나타나게 되는데 이것이 사이클로이드이다. 바퀴가 앞으로 진행해 갈 때 발광다이오드를 붙인 지점이 따라 움직이면서 만드는 곡선이 '사이클로이드'인 것이다. 그렇다면 사이클로이드는 어떤 특성을 가지고 있을까?

출발점이 어디든 정점에 도달하는 시간이 같다? – '등시곡선'

1583년 성당에서 예배를 드리던 갈릴레이가 천정에 매달린 진자의 주기가 진폭에 상관없이 일정하다는 '진자의 등시성'을 발견했다는 이야기는 너무나 유명하다. 하지만 정확하게 이야기 한다면 등시성(isochronism)은 진자의 진폭이 매우 작을 경우에만 성립한다. 일반적으로 진폭이 커지면 주기도 증가하기 때문에 진자의 등시성은 성립하지 않는데, 정밀한 시계가 없었던 당시에는 이러한 사실을 알아내기 어려웠을 것이다.

그런데 네덜란드의 물리학자 호이겐스는 1673년 『진자시계Horologium Oscilatorium』라는 명저를 통해 진자가 호가 아니라 사이클로이드를 따라 움직일 경우에 진자의 궤도가 등시곡선(tautochrone)이 된다는 것을 증명하고, 이러한 성질을 이용해 진자시계를 만들었다. 그의 진자시계는 두 개의 사이클로이드 벽면사이에서 진자가 움직이도록 만든 것인데, 이렇게 하면 진자의 움직임도 사이클로이드가 된다.

등시곡선은 정점에 도달하기 위해서 곡선 상의 어떤 점에서 출발하더라도 도달하는 데 걸리는 시간이 같게 되는 성질이 있다. 따라서 등시곡선을 따라 움직이는 사이클로이드 진자는 진폭에 상관없이 일정한 주기를 갖게 되는 것이다.

최단거리를 찾아주는 '사이클로이드'

1696년 장 베르누이는 유럽의 물리학자들에게 '브라키스토크론(brachistochrone, 그리스어의 가장 짧음을 의미하는 'brakistos'와 시간을 의미하는 'kronos'를 합친 말로 보통 '최속강하선'이라고 한다) 문제'라는 것을 낸 적이 있었다. 이는 위아래로 떨어진 두 지점 사이에서 어떤 경로를 따라 내려가는 것이 가장 빨리 내려갈 수 있는지를 찾는 것이다. 흔히 생각하면 직선 경로가 최단거리이기 때문에 가장 빠를 것 같지만 실상은 사이클로이드 곡선을 따라 내려가는 것이 가장 빠르다. 사이클로이드 위에서는 각 지점에서 중력가속도가 줄어드는 정도가 직선보다 작기 때문에 가속도에 의해 속도가 점점 빨라져서 도착 지점까지의 시간이 직선이나 다른 어떤 궤적 보다 빠른 것이다. 즉 풀장의 미끄럼틀도 놀이터에 있는 것과 같은 직선 형태로 만드는 것보다 사이클로이드 형태로 만들게 되면 더 빨리 내려오기 때문에 더 큰 스릴을 맛볼 수 있는 것이다. 이 문제를 최초로 풀어낸 사람은 베르누이 형제였으며, 이후 뉴턴과 라이프니츠, 로피탈이 풀이에 성공했다고 한다. 전해지는 바에 의하면 당시 많은 물리학자들이 몇 달 동안 이 문제를 풀기 위해 고민했으나 뉴턴은 단 하루 만에 풀어 버렸다고 하니 과연 뉴턴은 뛰어난 천재임은 분명한 듯 하다.

일상에 숨은 '사이클로이드'

그런데 뛰어난 물리학자들도 쉽게 풀지 못한 문제를 독수리는 어떻게 알았는지 먹이를 향해 낙하할 때 사이클로이드 곡선 형태에 가깝게 낙하한다. 땅 위에 있는 들쥐나 토끼, 쥐, 뱀 등 먹이를 잡을 때 직선이 아닌, 최단시간이 소요되는 '사이클로이드'와 가까운 곡선을 그리며 목표물로 향하는 것이다. 또한 일반 새들도 몸체를 기준으로 날개 끝이 사이클로이드 형태의 타원궤적을 이루며 이로 인한 양력으로 전진하며 물고기의 비늘에도 사이클로이드 곡선이 숨겨져 있다고 하니 자연의 숨겨진 아름다움과 효율성에 앞에 다시 놀라지 않을 수 없다. 이외에 우리나라 전통 가옥의 기와 역시 사이클로이드 곡선 모양을 하고 있어 비로 인한 목조 건물의 부식을 막고 있다.

〈출처 : 국가과학기술정보센터 http://scent.kisti.re.kr/index.do〉

문제해결활동

8. 사이클로이드 곡선은 어떻게 만들어야 할까?

- 원통에 팬을 달고, 원통이 미끄러지지 않도록 벽면에 대고 굴려 원통이 움직인 궤적을 그린다. 이것이 곧 사이클로이드 곡선이 된다. 이때 원통이 미끄러지지 않도록 하기 위하여 원통에 고무줄을 몇 번 감은 후 굴린다.

자유로운 아이디어를 낼 수 있도록 하고, 직접 낸 아이디어로 사이클로이드 곡선을 그려볼 수 있도록 한다.

9. 사이클로이드 곡선 위를 왕복하는 흔들이를 만들어보자.

- 두 개의 사이클로이드 사이에서 진자를 움직일 수 있도록 하기 위해 두 개의 사이클로이드 진자 벽면을 만든다.

사이클로이드 경로를 움직이는 흔들이

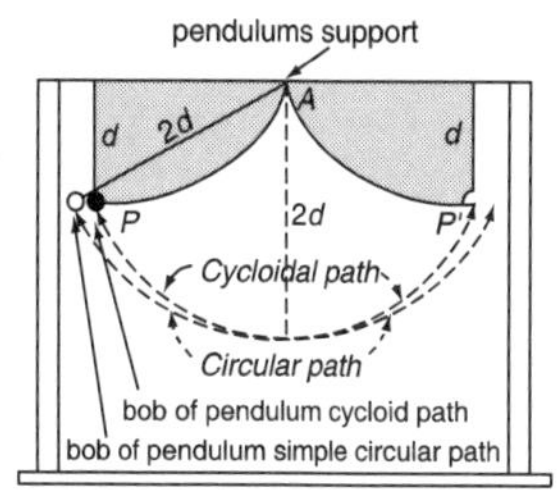

10. 사이클로이드 곡선을 이용한 흔들이의 진폭에 따른 주기를 측정해보자.

진폭(cm)		10	20	30	40	50
주기(s)	1회	14.40	14.42	14.44	14.42	14.44
	2회	14.42	14.44	14.46	14.46	14.40
	3회	14.41	14.42	14.45	14.43	14.46
	평균	14.41	14.43	14.45	14.29	14.43

결과분석

11. 사이클로이드 곡선을 이용한 흔들이는 처음 흔들이와 어떤 점이 다른가?

- 실의 길이가 같은 다른 일반 진자보다 주기가 빠르며, 그 주기는 진폭이 커져도 일정한 값을 갖는다.

문제해결

12. 호이겐스는 1673년 진자가 사이클로이드 상을 진행할 때 등시성을 가진다는 사실을 증명하고 이 결과를 이용하여 진자시계를 만들었다. 호이겐스의 진자시계는 사이클로이드의 면을 따라 움직이고 진자는 항상 같은 시간에 정점에 도달한다. 제시된 자료를 보고 호이겐스가 문제를 해결한 방법과 여러분이 생각한 방법을 비교하여 토론하여보자.

시간을 보다 정확하게 잰 '흔들이 시계'

수 세기 동안 해시계와 물시계는 별로 정확하지는 않지만 그래도 우리에게 필요한 시간에 관한 것들을 알려 주었다. 기계 장치를 이용한 최초의 시계는 14세기 이탈리아의 어느 탑에 설치된 것으로 동력을 공급하는 무거운 기어를 부착시켜서 작동되었는데, 모양은 그럴 듯했지만 하루에 15분 정도가 어긋나는 별로 정확하지 못한 시계였다.

17세기에 파스칼을 포함하여 천재라고 불리던 많은 사람들이 좀 더 나은 시계를 만들어 보기를 시도하였으나 모두 실패하였다. 그러던 중 1656년에 네덜란드의 천문학자 크리스찬 호이겐스(1629~1695년)가 정확한 추시계를 만들어냈다. 호이겐스가 만든 이 시계로 말미암아 과학자들은 정확한 실험을 할 수 있었고, 상점 주인들은 제때에 상점 문을 열고 닫을 수 있었으며 노동자들은 시간당으로 급료를 받을 수 있게 되었다. 시간을 지키는 훈련은 각 개인의 사생활에도 영향을 끼쳐 시간을 엄수하는 것이 하나의 미덕으로 여겨지게 되었다.

램프의 흔들림에서 '진자의 등시성' 이론을 발견한 갈릴레오

호이겐스가 정확한 추시계를 만들어낼 수 있었던 것은 추, 즉 진자의 운동에 관한 갈릴레오의 뛰어난 계산이 있었기 때문이다. 호이겐스가 추시계를 세상에 내놓기 약 70여 년 전인 1583년의 어느 날, 이탈리아 피사의 대사원에 많은 사람들이 예배를 드리기 위해 모여 있었다. 그런데 한 젊은이만이 예배가 시작되는 줄도 모르고 천정에 걸린 램프를 유심히 올려다보고 있었다. 청년은 피사대학 의학부에 다니는 갈릴레오 갈릴레이였다. 방금 기름을 붓고 불을 켰기 때문에 천천히 흔들리고 있는 램프를 올려다보며 갈릴레오는, 맥박의 빠르기를 램프가 흔들리는 속도로 잴 수는 없을까를 생각해본 것이었다. 램프의 흔들림에서 아이디어를 얻어 결국 갈릴레오는, 진자가 끈의 길이만 같으면 언제나 똑같은 속도로 흔들린다는 사실, 즉 '진자의 등시성'을 발견하였다. 그의 나이 겨우 열아홉 살이었다. 갈릴레오의 발견은 곧 맥박을 재는 도구인 맥박계의 발명으로 이어졌고, 물체의 운동을 수학적으로 자세하게 설명한 그의 이론들이 뒷날 호이겐스와 같은 과학자들로 하여금 훌륭한 추시계를 만들 수 있게끔 하였다.

사이클로이드 곡선의 원리를 시계에 사용하다

어려서부터 수학에 특별한 재능을 보였고 16세의 이른 나이에 대학에 입학하여 수학과 법률을 공부한 호이겐스는 당시, 유럽에서 가장 뛰어난 과학자 중의 한 사람으로 인정받고 있었다. 그는 이미 1655년에 자기가 개량한 망원경을 이용하여 처음으로 토성의 둘레에 고리가 있다는 것을 발견하기도 하였다. 그 다음 해에 호이겐스는 갈릴레오의 진자의 등시성 이론을 바탕으로 세계 최초의 추시계를 발명해 특허권을 얻었다. 특허권을 얻은 이후 추시계의 이론적 연구를 더욱 철저히 시작한 호이겐스는, 갈릴레오의 진자의 등시성 이론이 완전한 것이 아니라는 것을 알게 되었고, 추시계가 완전한 등시성을 갖기 위해서는 '사이클로이드 곡선(원이 미끄러지지 않고 일직선 위를 굴러갈 때, 원둘레의 한 점이 그리는 곡선의 궤적)'이라는 특별한 곡선 위에서 추를 흔들리도록 하지 않으면 안 된다는 사실까지 밝혀냈다. 즉 끈의 길이만 같다고 해서 언제나 추가 똑같은 속도로 흔들리는 것이 아니라 보다 정확하게 시계추의 속도가 항상성을 유지하려면 사이클로이드 곡선의 원리를 이용한 소용돌이 모양의 유사(遊絲)를 사용한 속도 조절기가 장착되어야만 한다는 것을 발견한 것이다. 이것은 곧 시계의 가장 중요한 요소인 '정밀도'를 높이는 작업이었고, 그때부터 시계에 매달린 동그란 추는 '똑딱똑딱'소리와 함께 시간이 세분되었다.

02 콜라와 다이어트 콜라 밀도 비교

수업모델 문제해결형 – 시범보이기

이 수업은 과학자의 연구형태 중 문제해결형으로 진행된다. 일반 콜라와 다이어트 콜라의 밀도를 측정하는 실험에 대하여 결과를 예상하도록 한다. 실험에 의한 측정값과 예상값의 차이가 생기면서 문제에 직면하게 된다. 발생한 문제를 해결하기 위해 다양한 변인을 고려하여 실험을 설계하고 시행착오를 거듭하며 '문제해결'의 과정을 알아보는 것이 이 수업의 목적이다.

『문제해결형의 수업과정』

예상하기 → 탐색하기 → 활동 → 결과분석 → 문제상황발견 → 해결상황모색

↑ (문제해결안됨) ↓

문제해결 ← 결과분석 ← 문제해결활동

수업개요

일반 콜라와 비교해 칼로리가 적다는 다이어트 콜라가 시중에 판매되고 있다. 이 두 종류의 콜라를 물에 넣어보면 일반 콜라는 캔에 포함된 많은 탄산가스로 인하여 물에 쉽게 뜰 것이라고 예상하지만 물에 가라앉는다. 반면에 다이어트 콜라를 물에 넣으면 뜬다.

본시 학습에서는 일반 콜라와 다이어트 콜라의 부피에 따른 질량을 측정하여 밀도를 계산하고, 각각의 밀도를 비교한다. 밀도는 물질의 고유한 값으로 부피에 관계없이 일정하여야 하지만, 각각의 밀도가 동일하지 않다. 기구의 정밀도가 낮기 때문이다. 따라서 2개의 콜라의 밀도를 비교할 수 없다. 그러므로 부피 측정을 위해 주어진 실험도구(비커) 대신 좀 더 정밀도가 높은 실험기구(메스실린더, 피펫 등)를 사용하여 측정해야 한다. 주어진 실험과정에서는 밀도의 차이가 있다는 것을 발견하고 발생한 문제를 해결하기 위한 방법을 찾고 실험을 설계하도록 유도한다.

수업안내

- 수업 대상 : 중학생 이상
- 예상 소요시간 : 2시간
- 수업 준비물 : 콜라, 다이어트 콜라, 100mL 비커, 전자저울

학습목표

1. 음료수를 이용하여 밀도 개념을 이해한다.
2. 밀도 측정 시 발생하는 문제를 해결하는 과정에서 과학자의 연구형태와 사고과정을 학습한다.

예상하기

1. 실험결과를 예상해보고, 그렇게 예상한 이유에 대해 설명해 보자.

1-1. 물이 담긴 수조에 따지 않은 일반 콜라와 다이어트 콜라를 담그면 어떻게 될까?

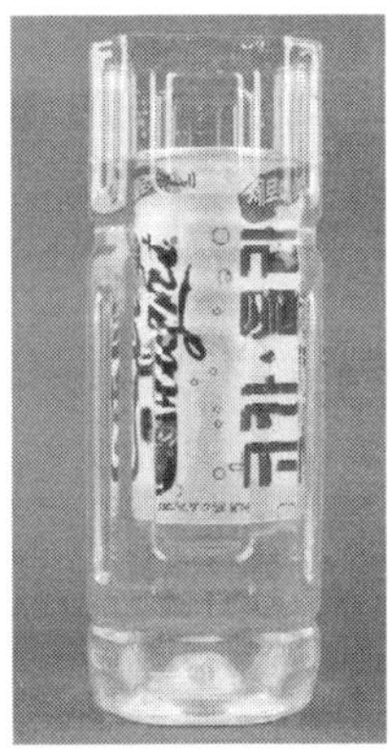

- 일반 콜라는 가라앉고 다이어트 콜라는 뜬다 등 다양한 예상 제시

> 관찰한 현상이나 궁금한 내용을 적어 보도록 유도한다.

> 주어진 실험의 실험결과에 대하여 정확한 결과를 예상하도록 하고, 불분명한 결과를 예상한 경우 그렇게 예상한 이유를 질문한다.

1-2. 왜 이런 현상이 생겼을까 설명해보자.

- 내용물의 밀도 차이, 캔의 재질 차이, 캔 바닥에 오목한 부분에 생긴 공기 방울에 의한 효과 등 다양한 의견 제시

> 각 과정을 탐색하고, 그러한 과정을 수행하는 이유와 원리에 대해서 명확히 하도록 한다.
> 각 과정에 나타날 수 있는 현상을 예상하여 실험 수행에서 발생하는 문제를 더욱더 확고하게 하도록 한다.

탐색하기

2. 각 과정을 수행하는 이유를 알아보고, 각 과정에서 나타날 수 있는 현상을 예상해보자.

> 실험 2~3일 전에 일반 콜라와 다이어트 콜라를 각각 수조에 담아 방치하여 이산화탄소를 모두

제거한 후 사용한다. 캔을 즉시 개봉하여 사용하면 기포가 발생하여 정확한 부피와 질량을 측정하기 어렵다.

실험활동

[실험재료]

콜라, 다이어트 콜라, 100mL 비커, 전자저울

[실험과정] 수행 이유
① 콜라만의 질량을 측정하기 힘들기 때문에
② 밀도를 측정하기 위한 방법
③ 정밀도를 확인하기 위해, 각 부피에서 밀도는 동일함을 확인하기 위해

[실험과정]

① 100mL 비커의 질량을 측정하여 기록한다.
② 위의 100mL 비커에 콜라 25mL를 붓고, 질량을 측정하여 기록한다.
③ 콜라와 다이어트 콜라의 부피를 각각 37.5, 50, 62.5, 75mL에 대해서 위의 과정 ②를 수행한다.

- 각 부피에서 밀도 측정값은 어떤 경향성을 나타낼지 예상하여 적어보자.

- 각 부피의 밀도 값은 서로 비슷할 것이다. 또는 다를 것이다 등 다양한 답이 가능하다.

④ 밀도를 계산한다.
⑤ 위의 결과 data를 Excel에 입력한다.

활동 및 결과분석

실험과정에 따라 실험을 수행하면서 예상한 현상과 맞는지 확인하고 결과표에 답하게 한다.

3. 위의 실험과정에 따라 실험을 수행하면서 예상한 현상과 맞는지 확인하고 다음의 결과표에 답하자.

3-1. 비커의 질량 : ________________

3-2. procedure 1의 결과를 적고 밀도를 계산해보자.

부피 (mL)	콜라		다이어트 콜라	
	질량(g)	밀도 (g/mL)	질량 (g)	밀도 (g/mL)
25	26.669	1.067	24.758	0.990
37.5	40.043	1.068	36.316	0.968
50	52.715	1.054	47.641	0.953
62.5	64.975	1.040	60.640	0.970
75	79.412	1.059	72.532	0.967

실험을 진행하면서 꾸준히 관찰한 현상이나 궁금한 원리를 보고서에 적고 질문하게 한다.

밀도는 물질을 구분하는 특성이지만 실험에서는 콜라의 밀도가 일정하지 않으므로 밀도를 이용하여 콜라를 구분하기는 어렵다. 그러므로 질량과 부피를 정확하게 측정해야 함을 인식시킨다.

실험을 보다 흥미롭게 진행하기 위해 조별로 각각 다른 부피의 질량을 측정한 후 하나의 표에 전체적으로 정리한 후 토론을 하도록 유도할 수 있다.

4. 위의 표의 값을 Excel에 입력하고 Excel의 그래프를 붙인다.

① 부피 – 질량 그래프

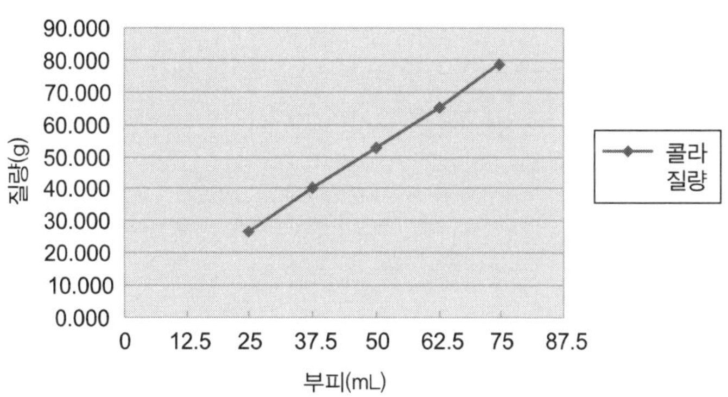

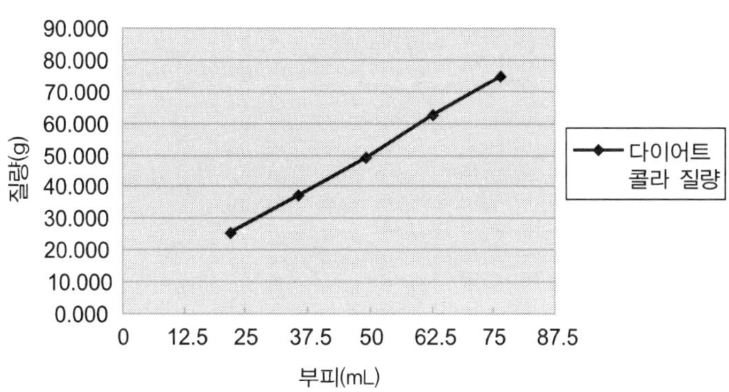

② 부피에 따른 밀도 그래프

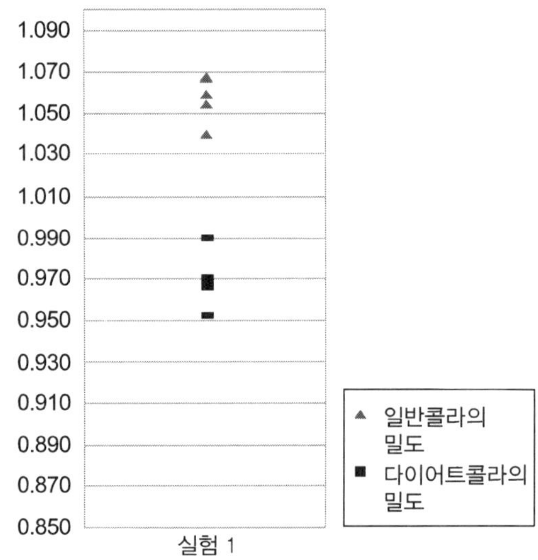

5. ①의 그래프에는 기울기를 표시한다. 기울기가 의미하는 것은 무엇인가?

6. 위의 ①, ② 그래프의 형태에 대해서 토의해보자.

7. 위의 결과를 토대로 얻을 수 있는 결론을 적어보자.

문제상황발견

8. 실험을 진행하면서 문제점을 발견하고 문제 원인에 대해 토의해보자.

8-1. 실험을 진행하면서 발생한 문제가 무엇인가? 생각해보고 토의하여 적어보자.

- 각 부피마다 동일한 밀도를 나타내지 않는다.

8-2. 동일한 문제를 가진 친구와 문제 원인을 탐색해보자.

- 기구가 정밀하지 못함, 자신의 실수 등

실험을 진행하면서 발생한 문제에 대하여 다른 학생들과 이야기해보고, 동일한 문제를 가진 학생들과 문제원인에 대하여 토의함으로써 자신이 직면한 문제에 대하여 확고히 하게 한다.

문제 원인을 탐색하는 도중 다른 참고자료나 인터넷 등을 충분히 활용하도록 하고 활용한 자료는 꼭 기입하도록 한다.

해결상황모색

9. 친구들과 이야기한 내용을 바탕으로 해결방법을 찾아 다시 실험을 진행해보자.

9-1. 다시 진행한 실험방법과 설계는 무엇인가?

- 기구의 교환, 새로운 실험방법 등

문제를 해결하기 위해 진행한 실험방법을 구체적으로 제시하게 한다.

부피측정기: 액체나 용액의 부피를 측정하는 기구에는 피펫·뷰렛·부피플라스크·눈금실린더 등이 있다. 피펫과 뷰렛은 배출되는 부피를 측정하는 부피계이고, 부피플라스크와 눈금실린더는 담겨 있는 부피를 측정하는 부피계이다. 부피플라스크는 농도가 정확히 정해진 용액의 조제에 쓰인다. 눈금실린더는 원래 액면의 이동을 눈금으로 읽어 부피의 변화를 측정하는 부피계인데, 일반적으로는 오히려 액체의 일정량을 갈라내는 데 쓰이는 일이 많다. 이 경우 피펫이나 뷰렛에 비하면 정밀도는 훨씬 떨어진다. 비커나 플라스크에도 부피를 나타내는 선이 새겨져 있는 제품도 있으나, 이들은 부피계가 아니므로 눈금에 대한

해결활동 및 결과분석

10. 문제를 해결하기 위한 실험을 진행하고 결과를 정리해보자.(동료들과 이야기한 내용을 바탕으로 해결방법을 찾아 다시 실험을

보증은 없다. 특히 비커의 경우 눈금 간격이 커서 어림값을 표기하는 것에도 신뢰성이 떨어진다.

설계하고 진행하도록 한다.)

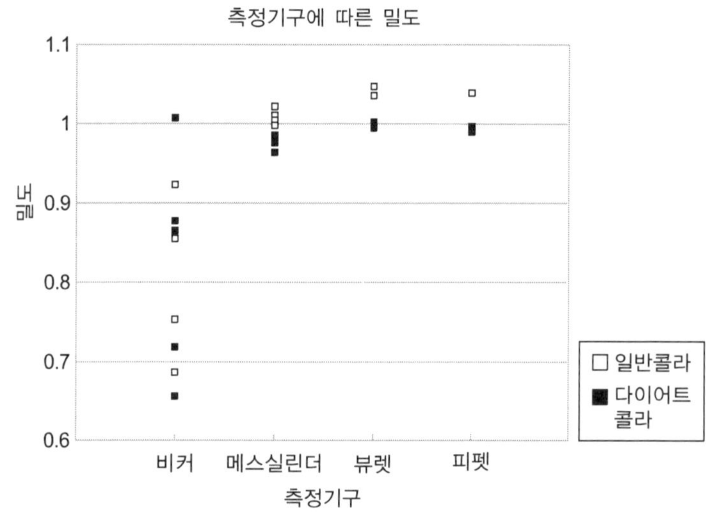

문제해결

학생들이 직접 사용한 해결방법을 바탕으로 새로운 변인을 탐색하고, 새로운 실험방법을 탐구하는 방향으로 설명하고 독려한다.

11. 자신의 해결방법과 친구들의 해결방법을 비교하여보고 누구의 해결방법이 가장 현명하였는지 생각해보자. 그 이유는 무엇인가?

12. 선생님이 설명하는 과학자의 해결방법을 듣고 앞으로의 실험에 대한 태도에 대하여 이야기해보자.

자신의 해결방법과 동료들의 해결방법을 비교해보고 누구의 해결방법이 가장 현명하였는지 생각해보게 한다.
가장 정확한 결과가 나오게 하는 해결방법보다는 새로운 변인을 고려하고 탐색한 방향으로 독려한다. 교사뿐만 아니라 동료와도 Modeling이 진행되도록 한다.

"Modeling"이란 관찰된 현상이나 실험에서 얻은 데이터를 통해 그들 사이의 규칙적인 패턴을 찾고, 찾아낸 패턴의 재현성을 높이고 일반화하는 과정을 통해 다른 조건이나 상황에도 적용이 가능한 법칙이나 원리를 만들어가는 과정을 말한다. 이 과제를 통해 과학자들이 탐구 실험 설계 시 정밀한 실험기구의 선택과 능숙한 실험과정의 진행을 통해 정확도를 높이고 오차를 줄이기 위해 노력하는 과정을 경험하게 된다. 이를 Model화하여 다른 탐구 과제의 수행에 있어 적용할 수 있도록 한다.

03 계통수 그리기

수업모델 문제해결형 – 시범보이기

이 수업은 과학자의 연구형태 중 문제해결형으로 진행된다. 다양한 생명체를 분류하면서 특정 기준의 필요성을 인식하고 분류의 과정을 거치는 동안 과학자의 사고과정을 경험할 수 있다.

『문제해결형의 수업과정』

예상하기 → 탐색하기 → 활동 → 결과분석 → 문제상황발견 → 해결상황모색

↑ (문제해결안됨) ↓

문제해결 ← 결과분석 ← 문제해결활동

수업개요

분류는 다양한 생물을 어떤 기준으로 나누어 무리 짓는 것이다. 분류를 하는 목적은 생물 상호간의 유연관계와 진화의 경로인 계통을 밝히기 위한 것으로, 생물의 고유한 특징을 기준으로 하는 분류를 자연 분류라고 한다. 분류의 단계는 계, 문, 강, 목, 과, 속, 종의 7단계가 있으며, 종은 생물 분류의 기본단위이다. 계통수는 1886년 독일의 헤켈이 처음으로 만든 것이다. 생물 상호간의 유연관계를 나뭇가지 모양의 그림으로 나타낸 것으로, 계통수에서 같은 가지에서 갈라진 생물들은 유연관계가 가깝다. 또 계통수 아래쪽에 위치한 생물일수록 원시적이며, 갈라진 위치가 위쪽일수록 비교적 최근에 공통조상에서 갈라져 나온 것이다. 계통수를 작성할 때는 먼저 각 생물군의 특징을 조사하여, 공통된 특징을 갖는 생물군을 함께 묶은 다음, 계통수의 아래쪽에는 오래된 생물이, 위쪽에는 최근 진화한 생물이 오도록 그린다.

린네는 생물의 겉모습을 기준으로 분류를 하였으나, 같은 종에 속하는 개체들도 조건에 따라 겉모습이 크게 다를 수 있다(예 모기와 장구벌레). 오늘날 종의 개념은 '자연 상태에서 자유로이 교배하여 생식 능력이 있는 자손을 낳는 개체들의 집단'으로 생물학적 종의 개념을 중요시 한다.

Camin이 만든 상상의 생물체인 Caminalcules는 학생들에게 진화를 가르치기 위해 만들어졌다. 이들은 인공의 생물체이므로 학생들이 Caminalcules에 대한 사전 지식이 없으며, 오직 진화적 원칙에 의해서만 분류하고 계통수를 그려야 한다. 학생들은 계통수를 작성하면서 생물의 진화개념과 과정을 이해할 수 있다.

수업안내

- 수업대상 : 고등학생 이상
- 예상 소요시간 : 2시간
- 수업 준비물 : 색연필, 가위, 풀, 자, 큰 종이

학습목표

1. 기준에 따라 생물을 분류하고, 계통수를 그려 생물간의 유연관계를 밝힐 수 있다.
2. 생물을 분류하는 과정을 경험하면서 과학자의 사고과정을 학습한다.

예상 및 탐색하기

1. 다음 표는 생물 A, B, C, D, E의 특징을 조사한 것이다.

특징 생물	(가)	(나)	(다)	(라)
A	있음	–	–	있음
B	있음	–	–	있음
C	있음	있음	있음	–
D	있음	있음	있음	–
E	있음	–	있음	–

본격적인 활동에 앞서 학생들이 기준에 따라 분류하고 계통수를 그릴 수 있도록 연습시킬 필요가 있다.

1-1. 모든 생물이 공통적으로 가지는 특징은 무엇인가?

• (가)

1-2. 공통된 특징을 가지는 생물을 분류한 것이다. 빈 칸을 알맞은 특징이나 생물을 채워보자.

생물의 공통적인 특징은 공통 조상에서 유래한다.

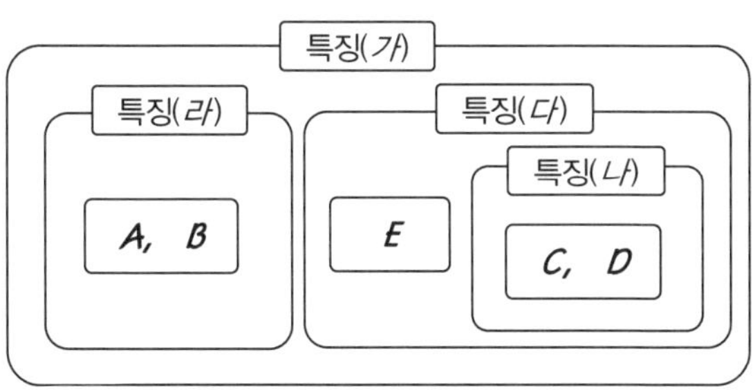

생물을 특징별로 묶는 연습을 하면서 분류 단계를 이해한다.

1-3. 위의 그림을 다음 계통수에 표시해보자. 가지의 끝에는 종을 기록하고 괄호 안에는 특징을 적어라.

계통수의 특징을 확인시킨다.
– 세로축은 시간이며 아래로 갈수록 오래된 생물이며, 위로 갈수록 최근에 분화한 생물이다.

계통수 그리는 연습을 충분히 하여 다음 활동이 원활히 진행될 수 있도록 준비한다.

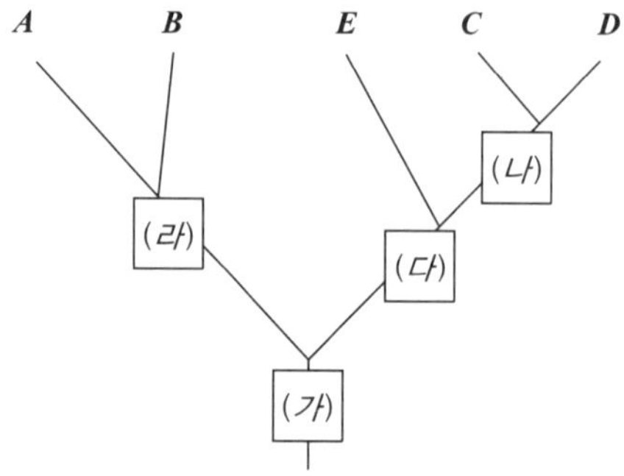

① 종 A~E 중 가장 최근 분화된 종은? – C, D

② 종 C와 가장 유연관계가 가까운 종은? – D

③ 종 D가 가지는 특징은? – (가), (다), (나)

④ 특징 (가)~(라) 중 가장 원시적인 형태의 특징은? – (가)

⑤ 계통수에서 세로축은 무엇을 의미하는가? – 시간(=시대, 역사)

활 동

[준비물]

학생들에게 부록의 자료를 복사하거나 인쇄하여 나눠준다.

색연필, 가위, 풀, 자, 큰 종이

- 그림에 나타난 생물은 Caminalcules라는 가상의 생물이다. 제시된 14종의 Caminalcules는 모두 현존하는 생물이라고 가정한다.

그림을 잘라서 직접 분류하거나 숫자를 적어 분류해도 좋다.

Living *Caminalcules*

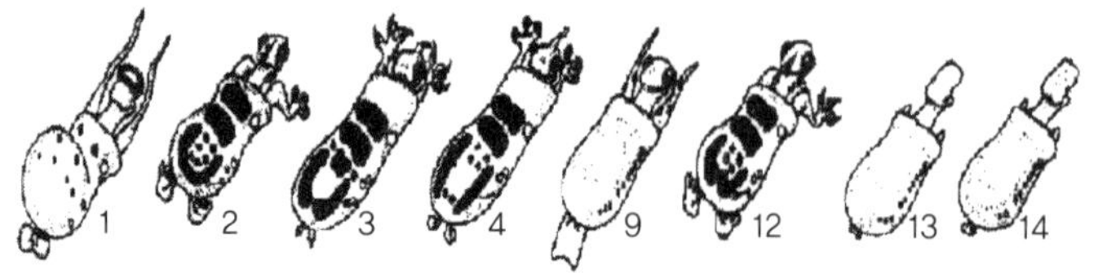

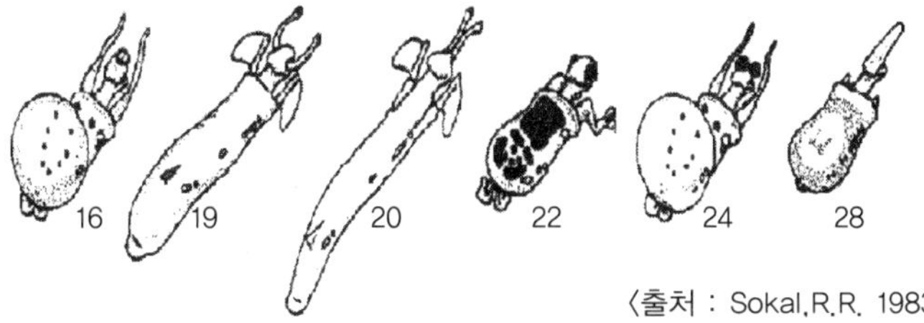

〈출처 : Sokal.R.R. 1983〉

2. Caminalcules의 각 종을 비슷한 것끼리 묶어 점차 상위 단계로 분류해보자. (단, Caminalcules는 겉모습이 닮을수록 유연관계가 가깝다. 분류 단계는 종 < 속 < 과 < 목 < 강 < 문 < 계 7단계로 나뉜다.)

> 다양한 답들이 나올 수 있다. 제시된 답은 많은 예들 중의 하나이다.

[표] 현존하는 Caminalcules의 분류표

강	강1													
목	목1					목2								
과	과1			과2		과3	과4			과5			과6	
속	속1		속2	속3		속4	속5	속6		속7		속8	속9	
종	2	12	22	3	4	9	1	24	16	13	14	28	20	19

> 학생들이 3개 이상의 종을 하나로 묶으면 좀 더 자세히 분류하게끔 한다.

3. Caminalcules의 분류표를 바탕으로 계통수를 그려보자.

> 간략하게 계통수를 그린다.

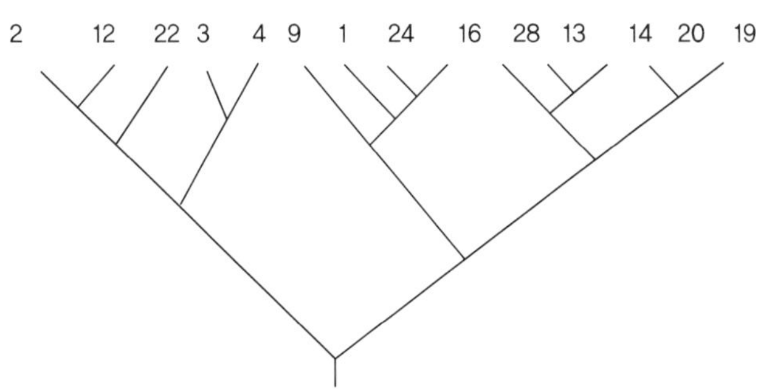

[그림 1] 생존하는 Caminalcules의 계통수

결과분석

4. [그림 1]의 생존하는 Caminalcules의 계통수를 바탕으로 답해 보자.

(가), (나)는 임의로 나눈 것이므로 모둠마다 분류 기준이 다를 수 있다. 분류 기준에 맞게 나누어졌는지만 확인하면 된다.

4-1. Caminalcules를 크게 두 종류 (가), (나)로 나눈다면 그 분류 기준은 무엇인가?

- 등무늬

4-2. 임의의 한 종류 (가)를 다시 크게 2종류로 나눈다면 그 분류 기준은 무엇인가?

- 앞다리의 상태, 굽은 정도

4-3. 임의의 한 종류 (나)를 다시 크게 2종류로 나눈다면 그 분류 기준은 무엇인가?

- 몸의 형태

문제상황발견

5. 모둠별로 계통수가 동일한가? 그렇게 된 이유는 무엇일까?

- 다르다. 어떤 특징이 먼저 생긴 것인지 알 수 없기 때문에 기준을 적용한 순서가 모둠마다 달랐다.

해결방안모색

6. 위의 문제들을 해결하기 위해 더 필요한 자료는 무엇일까?

- 어떤 특징들이 더 오래된 특징인지 알려줄 자료가 필요하다. 예를 들어 화석자료, DNA염기서열 비교 자료 등을 보면 알 수 있다.

⊙ 학생들이 답하는 여러 자료 중 DNA염기서열을 알 수 없었던 때, 분류학자들은 어떤 자료를 이용했을지 질문하여 화석자료의 대답을 유도한다.

문제해결활동

7. 아래의 그림은 Caminalcules의 화석기록들이다.
그림의 오른쪽 아래에 각 종의 번호와 괄호 속에 나이(100만년)가 나타나있다. 예를 들어 46(5)는 46번 종 – 500만년된 화석임을 의미한다.

⊙ 그림을 복사하여 학생들에게 나눠준다. 학생들은 그림을 자른 후 시간대별로 나열하고 분류기준에 따라 배열한 후, 선을 이어서 계통수를 그려본다.

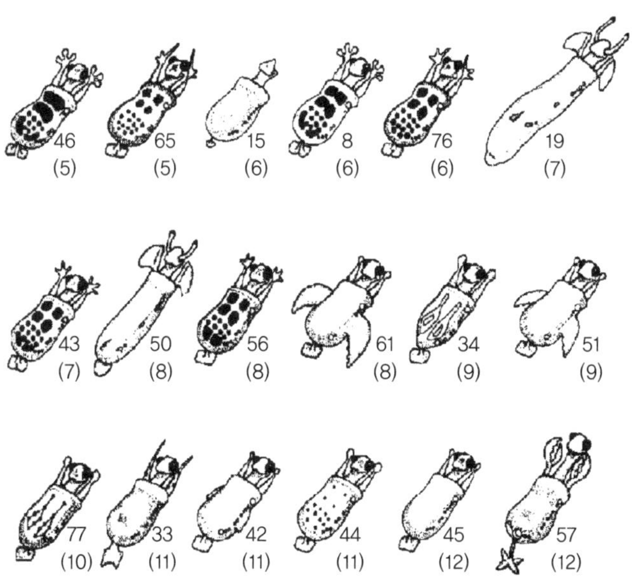

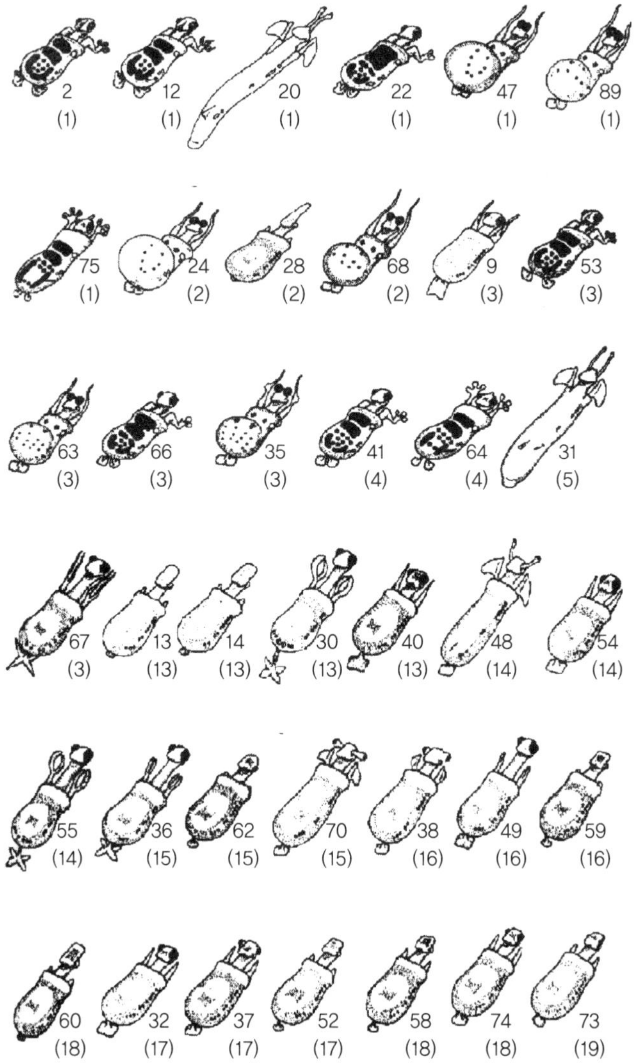

〈출처 : Sokal, R.R. 1983〉

7-1. 앞의 그림들을 나열하여 계통수를 그려보자.

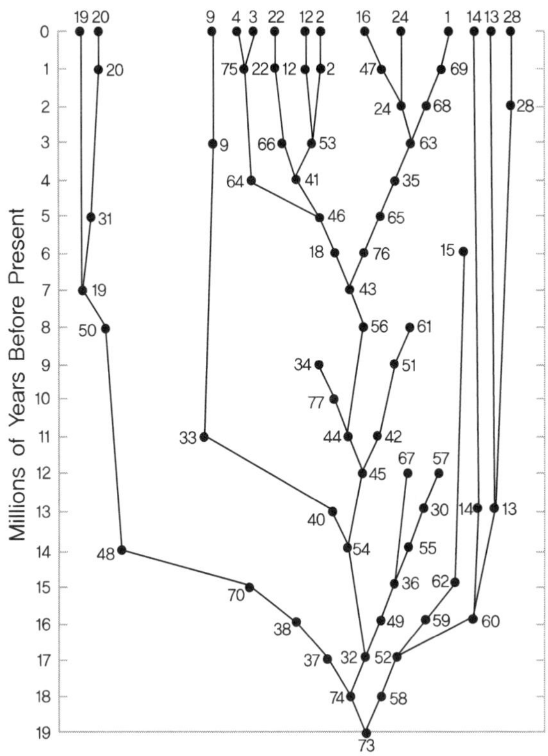

[그림 2] 화석자료를 이용한 Caminalcules의 계통수

〈출처 : Sokal, R.R. 1983〉

결과분석

8. 작성된 계통수를 토대로 다음 질문에 답해보자.

8-1. 가장 최근에 분화된 종은?

- 종 4와 3

8-2. 멸종한 종은?

- 종 15, 61, 34, 67, 57

8-3. 퇴화한 기관을 찾아보자.

- 300만년 전의 종 66의 안쪽 앞발가락

8-4. 서로 유연관계가 멀지만 생김새가 비슷한 종은?

- 종 9는 종 13, 14와 몸의 형태가 유사하다.

8-5. 짧은 시간에 다양하게 진화한 종은?

- 종 43

8-7. 진화적으로 정체하고 있는 종은?

- 종 13, 14는 1300년 동안 정체 중이다.

문제해결

9. 우리 모둠의 화석자료를 이용한 계통수를 다른 계통수와 비교해보자.

9-1. **활동**에서 작성했던 [그림 1]의 계통수와 다른 점을 설명해보자.

- [그림 1]의 계통수와 분류상의 차이점을 비교 설명한다.

9-2. 다른 모둠의 화석자료를 이용한 계통수와 다른 점을 설명해보자.

모둠의 수가 적을 때는 모둠별로 비교 설명하는 것이 가능하지만 모둠이 많을 땐, 교사가 전체적으로 큰 차이점만 간단하게 설명하고 다음 단계로 넘어갈 수 있다.

- 다른 모둠과의 차이점을 비교 설명한다.

9-3. 선생님이 제시한 계통수와 다른 점을 설명해보자. 우리 모둠의 계통수에서 수정되어야 할 점은 무엇인가?

- 제시된 계통수와 비교하여 어떤 점에서 잘못 그려졌는지 설명할 수 있다.

10. 이 수업을 통해 진화에 대해 알게 된 점은 무엇인가?

- 기존 생물로부터 점차적으로 변화한다.
- 진화 속도는 생물마다 다르다.
- 공통적인 특징은 공통조상에서 유래한다.

참고자료

부록 1 ▸ 현존하는 Caminalecules

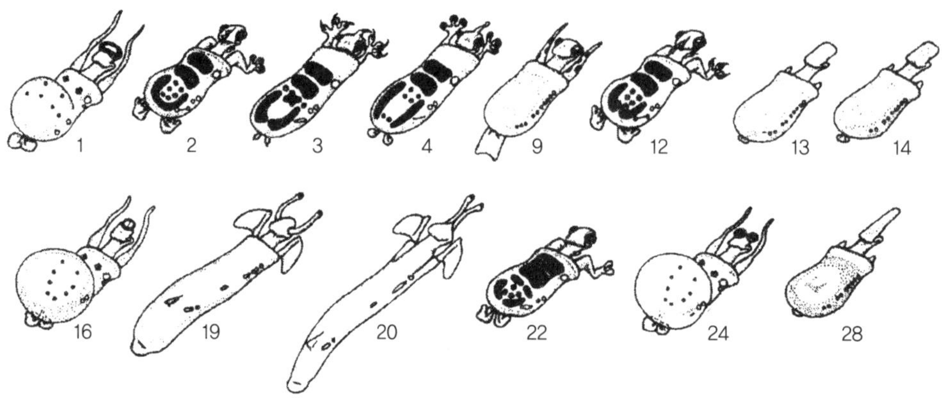

부록 2 ▸ 화석상의 Caminalecules

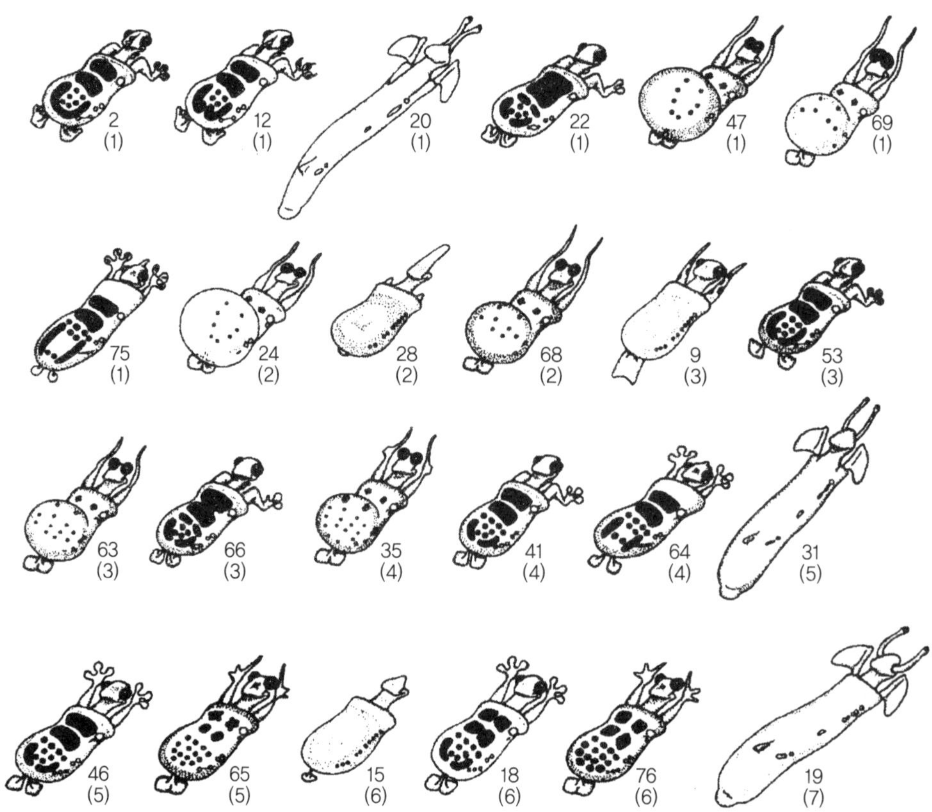

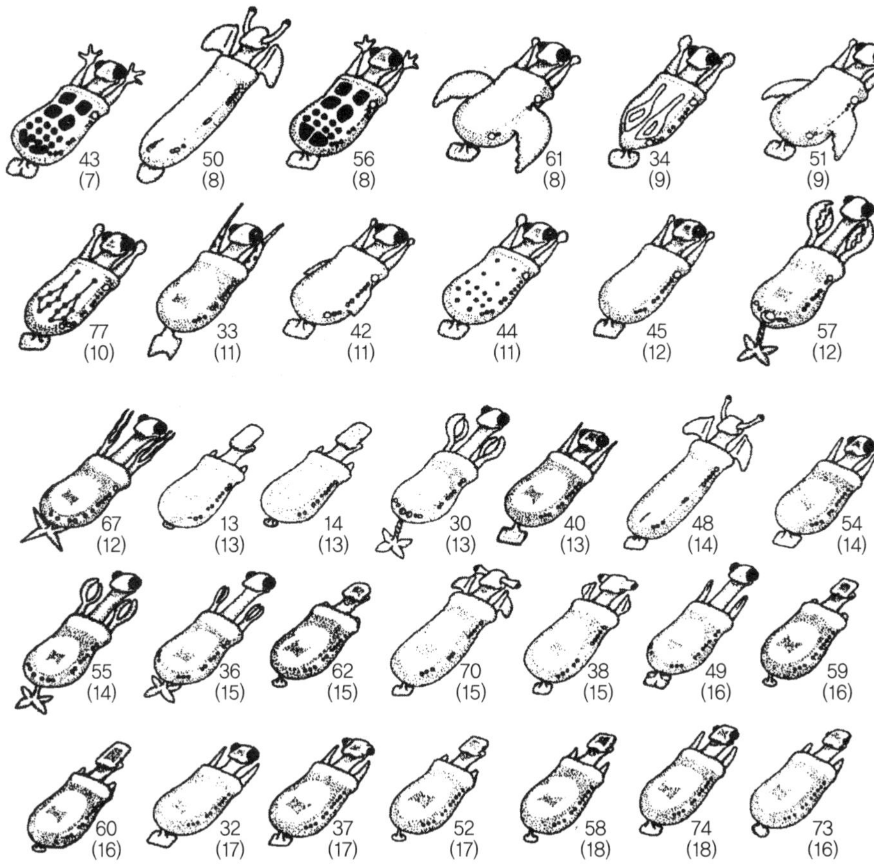

〈출처 : Sokal,R.R. 1983〉

04 공기 중의 산소량 측정

수업모델 문제해결형 – 교수적도움

이 수업은 과학자의 연구형태 중 문제해결형으로 진행된다. 기체의 부피 측정 시 다양한 변인들을 고려하고 통제함으로써 실험결과를 얻고 이것을 일반화할 수 있음을 공기 중의 산소량 측정 실험을 통하여 알아본다.

『문제해결형의 수업과정』

예상하기 → 탐색하기 → 활동 → 결과분석 → 문제상황발견 → 해결상황모색
↑ (문제해결안됨) ↓
문제해결 ← 결과분석 ← 문제해결활동

수업개요

수분을 제외한 건조한 공기 속에는 일정한 비율로 산소가 포함되어 있다. 색깔도 없고, 냄새도 없는 산소가 공기 중에 어느 정도 포함되어 있는지 측정할 수 있는 방법을 생각해보자.

본시 학습은 산소의 화학적 반응과 기체들의 물리적 성질을 이용하여 공기 속의 산소의 농도를 알아보는 실험이다. 코팅이 제거된 강철 솜이 들어있는 시험관을 물이 든 비커에 뒤집어 놓으면, 강철 솜이 시험관에서 산화된다. 시험관 속의 산소와 강철 솜이 반응하면서 시험관 속의 산소가 줄어들고 이에 따라 시험관 속의 기체 압력이 감소한다. 따라서 물이 시험관 안으로 들어오므로 5분 간격으로 물기둥의 높이를 측정하여 비율로 산소량을 계산한다. 일반적으로 공기 중 산소의 부피는 약 21%로 예상한다. 하지만 실험을 하면 21%보다 낮은 측정결과(13~17%)가 나타난다. 계속해서 낮아져야 할 시험관의 물기둥의 높이가 실험 진행 중 증가하는 상황이 발생한다. 강철 솜의 표면을 깨끗이 하기 위해 산성 물질과 물의 혼합물을 사용하는 데 산성인 액체가 강철 솜에 남아있다면 수소기체가 발생하게 되면서 시험관 내의 기체 조성과 압력을 변화시키기 때문이다. 그러므로 이러한 문제상황을 해결하기 위한 새로운 실험방법을 고안을 하도록 유도하는 것이 이 수업의 목표이다.

수업안내

- 수업 대상 : 중학생 이상
- 예상 소요시간 : 2시간
- 수업 준비물 : 강철 솜, 아세트산, 시험관, 초시계, 핀셋, 기타 본문 참조

학습목표

1. 강철 솜의 산화 실험으로 공기 중에 들어 있는 산소의 부피비를 구할 수 있다.
2. 공기 중 산소의 부피 측정 시 발생하는 문제를 해결하는 과정에서 과학자의 연구형태와 사고과정을 학습한다.

예상하기

1. 실험결과를 예상해보고, 그렇게 예상한 이유에 대해 설명해 보자.

> 관찰한 현상이나 궁금한 내용을 적어 보도록 유도한다.

> **실험 시 주의사항**
> 1. 흔들이 손난로를 쑥찜질팩이나 산소 흡수제로 대신할 수 있다.
> 2. 사용하지 않은 손난로를 이용한다.
> 3. 손난로 봉지를 뜯을 때 철가루가 심하게 뿜어져 나오면 갑자기 많은 양의 산소와 철가루가 만나 폭발적인 산화반응을 일으키므로 주의한다.
> 4. 철가루가 눈에 들어가면 각막을 손상시킬 우려가 있으므로 주의한다.

1-1. 1.5L 페트병에 흔들이 손난로 가루와 약간의 물을 넣고 흔들었을 때 페트병은 어떻게 될까?

- 페트병이 찌그러지면서 부피가 줄어든다.

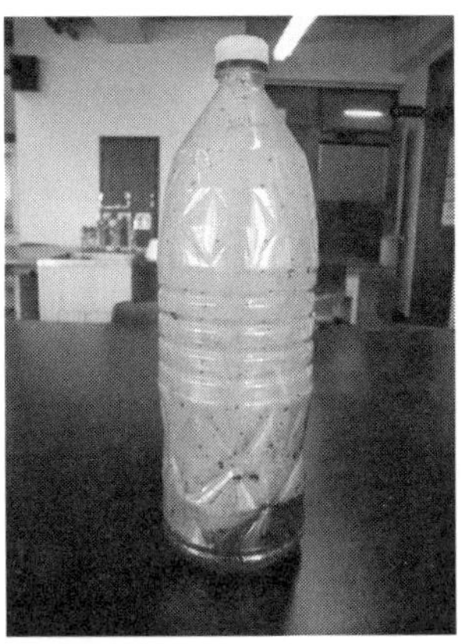

페트병에 물(약 5mL)과 손난로 철가루를 넣었을 때

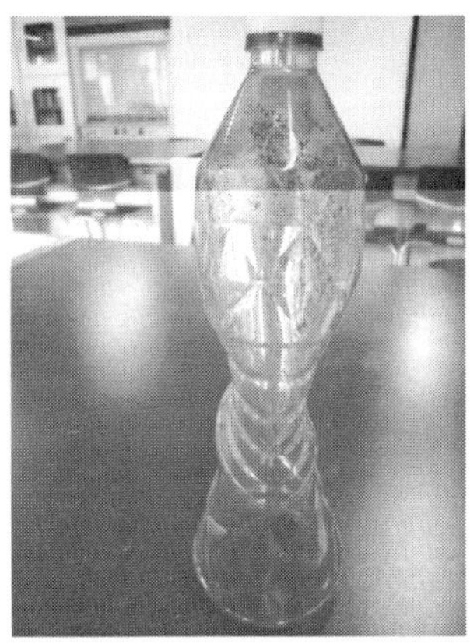

페트병을 세차게 흔들었을 때 페트병의 변화 모습

1-2. 왜 이런 현상이 생겼을까 설명해보자.

- 흔들이 손난로에는 철가루가 들어 있고 이것이 산소와 반응하면서 열이 발생한다. 페트병 안에서 손난로 철가루가 산화하면서 페트병 속의 산소를 흡수하기 때문에 병 안쪽의 기압이 낮아진다. 상대적으로 높아진 바깥쪽 대기압이 페트병을 눌러 페트병이 찌그러진다. 페트병 속에서 일어나는 화학반응을 식으로 나타내면 다음과 같다.

철 + 산소 → 산화철(붉은색)

$$4Fe + 3O_2 \rightarrow 2Fe_2O_3$$

탐색 및 활동

2. 각 과정을 수행하는 이유를 알아보고, 각 과정에서 나타나는 현상을 정리해보자.

실험활동

실험하기 전 학생들이 각 단계가 진행되는지를 살피고, 진행되지 않는 학생들에 한하여 각 단계가 진행되도록 유도한다.

[실험재료]

강철 솜, 아세트산, 증류수, 250mL 비커, 약 15cm 시험관, 자, 초시계, 핀셋

실험을 진행하면서 꾸준히 관찰한 현상이나 궁금한 원리를 보고서에 적고 질문하게 한다.

산화된 강철 솜의 표면의 코팅을 벗겨내어 산소와의 반응이 충분히 일어나도록 한다.

[실험 시 주의사항]

① 강철 솜을 다룰 때 손에 상처가 나지 않도록 주의한다.
② 산소의 부피를 측정하기 위해서 추가로 필요한 과정을 첨가해도 좋다.
③ 시약과 유리기구 사용에 주의한다.
④ 고글을 착용한다.

[실험과정]

① 250mL 비커의 3/4을 물로 채운다.
② 또 다른 비커에 아세트산과 물의 비가 대략 50:50이 되도록 섞는다.
③ 약 1.0g 정도의 강철 솜을 준비하여 살짝 찢어서 표면적을 넓힌다. 2분 동안 식초와 물의 혼합액에 강철 솜이 완전히 잠기도록 한다.

실험과정에 따라 실험을 수행하면서 예상한 현상과 맞는지 확인하고 결과표에 답하게 한다.

- **나타날 수 있는 현상이나 결과**: 강철 솜의 표면에서 기포(수소 기체)가 발생하고 강철 솜의 색이 어두운 회색 또는 밝은 회색으로 변한다.

④ 강철 솜을 꺼낸 후 용액 방울이 붙어있지 않게 털어준다.

> 산이 계속 묻어있을 경우, 수소 기체가 발생하여 시험관의 압력에 영향을 줄 수 있으므로 묻어있는 용액을 최대한 제거하도록 한다.

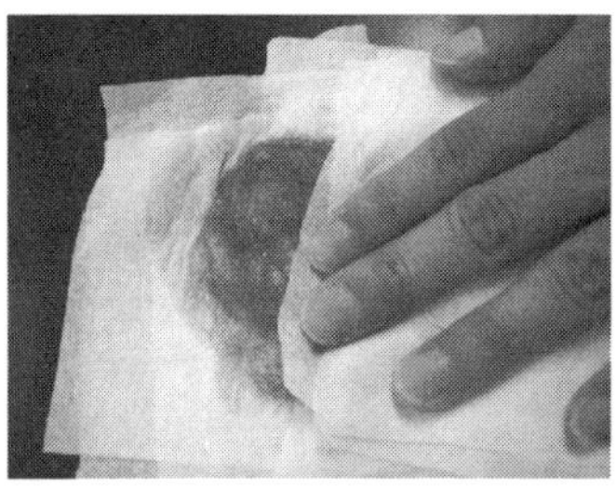

⑤ 강철 솜을 펴서 시험관의 아래쪽을 채운다. 물이 든 비커에 시험관을 재빨리 그림처럼 비커에 기울여 놓는다.

⑥ 2분 후에 시험관 속의 물기둥의 높이와 비커의 물의 높이가 같아지도록 시험관을 들어 올려 시험관 속의 물기둥의 높이를 측정하고 기록한 후, 원래대로 시험관을 놓아둔다.

> 시험관의 내부압력과 외부압력(대기압)을 맞추어 부피를 측정하도록 한다.

과정 ⑤

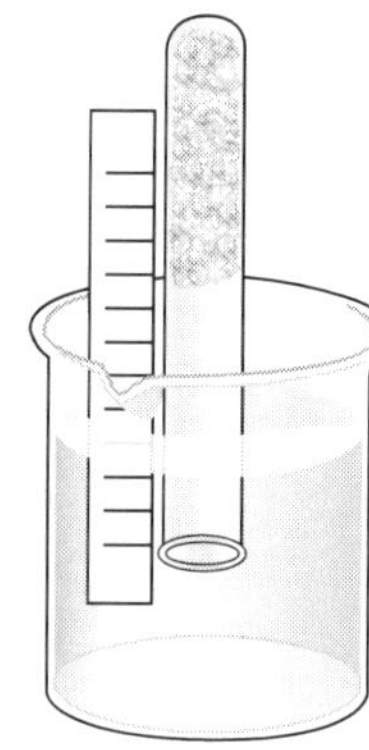

과정 ⑥

실험 진행 시 2분과 5분 간격으로 물기둥의 높이 변화를 측정하여 실험결과를 비교하도록 한다. 이를 통해 과학자들이 측정결과를 통해 변화의 양상을 보다 정밀하게 살펴보기 위해서 실험설계 시 측정 간격을 조절할 수 있음을 알도록 지도한다.

⑦ 물의 높이가 변하지 않을 때까지 2분 간격으로 과정 ⑥처럼 물기둥의 높이를 측정하여 기록한다.

- **나타날 수 있는 현상이나 결과**: 물기둥의 높이가 계속 증가한다. 강철 솜의 색이 붉게 변화한다. 등

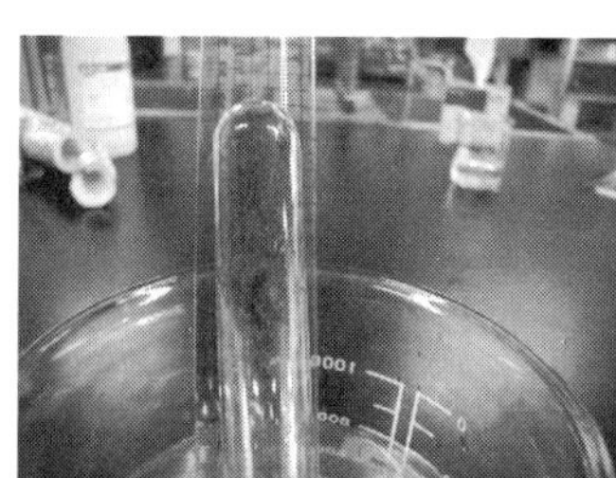

⑧ 물의 높이가 더 이상 변하지 않을 때, 비커에서 시험관을 꺼낸다.

⑨ 시험관 속의 강철 솜을 꺼내서 강철 솜의 변화를 관찰한다.

⑩ 시험관의 전체 길이를 측정하고 기록한다.

⑪ 이 값을 이용하여 공기 속의 산소량이 몇 %인지를 계산해 보자.

결과분석

3. 주의사항에 따라 실험을 수행하면서 예상한 현상과 맞는지 확인하고 다음의 결과표에 답하자.

3-1. 2분 간격으로 시험관 내의 물기둥의 높이를 측정하여 기록하고, 그 변화를 그래프로 그려보자.

시간(분)	물기둥의 높이(cm)	시간(분)	물기둥의 높이(cm)
2	1.5	22	3.1
4	2.0	24	3.1
6	2.1	26	3.15
8	2.4	28	3.15
10	2.4	30	3.15
12	2.6	32	3.15
14	2.9	34	3.15
16	3.0	36	3.15
18	3.0	38	3.15
20	3.1	40	3.15

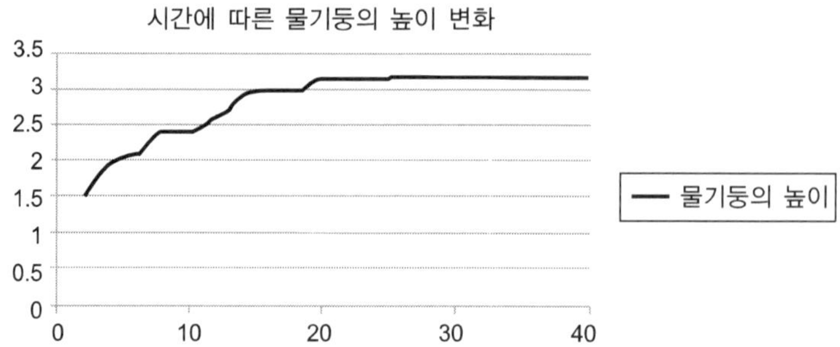

참고자료

5분 간격으로 시험관 내의 물기둥의 높이를 측정하여 기록한 경우

시간(분)	물기둥의 높이(cm)	시간(분)	물기둥의 높이(cm)
5	2.0	25	3.15
10	2.4	30	3.15
15	3.0	35	3.15
20	3.1	40	3.15

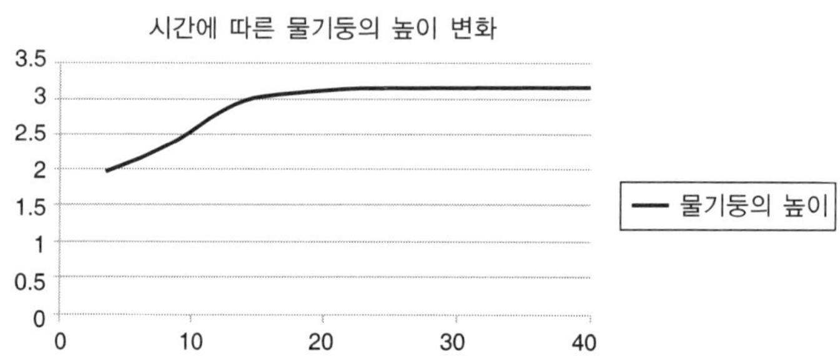

4. 시험관 속의 물의 높이가 의미하는 것은 무엇인가?

- 시험관 속의 공기 중 강철 솜과 반응한 산소의 부피에 해당한다.

5. 강철 솜에 어떤 변화가 일어났는가? 그러한 변화가 나타난 이유에 대하여 적어보자.

- 은회색의 강철 솜은 부분적으로 검은 회색으로 변화하고 더 나아가 붉은 갈색으로 변한다. 강철 솜이 산화되면서 녹이 생긴 것이다.

6. 과정 11의 공기 속에 존재하는 산소의 양이 몇 퍼센트인지 구해보자. (계산과정을 쓰도록 한다.)

$$\frac{\text{올라간 물의 높이}}{\text{시험관의 전체 길이}} \times 100 = \frac{3.15\text{cm}}{19.95\text{cm}} \times 100 = 15.79\%$$

7. 위의 결과를 토대로 얻을 수 있는 결론을 적고, 문제점에 대해서 토의하고 적어보자.

- 시험관 속 산소의 부피 측정을 물기둥의 높이로 측정하였기 때문에 정확하지 않았다. 시험관의 두께가 균일하지 않을 수 있으며 시험관 바닥의 곡면 등을 고려해야 한다. 그러므로 빈 시험관에 물을 담아 눈금실린더에 옮겨 물의 부피를 측정하는 방법을 이용할 수 있다. 이때 역시 물을 옮겨 담는 과정에서 실험 기구에 남아있는 물의 양이 오차로 작용할 것이다.
- 물기둥의 높이를 자로 읽을 때 메니스커스를 비커의 수면과 맞추어야 한다. 그런데 자를 수직으로 세우기도 하고 비스듬히 세우기도 하여 정확히 높이를 측정할 수 없다.
- 아세트산에 강철 솜의 코팅이 완전히 제거되지 않아 강철 솜이 산소와 반응을 충분히 하지 않을 수 있다. 한편 강철 솜이 산과 반응하여 산화되는 것을 최대한 방지해야하므로 휴지로 최대한 빠르게 산을 제거해야 한다.
- 강철 솜의 표면적을 넓혀 산소와의 접촉을 충분히 해주어야 한다.
- 강철 솜의 산화 반응 속도를 높이기 위해 온도를 높이는 방법을 생각해야 한다. 등

문제상황발견

실험을 진행하면서 발생한 문제에 대하여 다른 학생들과 이야기해보고, 동일한 문제를 가진 학생들과 문제원인에 대하여 토의함으로써 자신이 직면한 문제에 대하여 확고히 하게 한다.

8. 실험을 진행하면서 발생한 문제가 무엇인가? 생각해보고 토의해보자.

- 21%보다 낮은 실험결과, 시험관의 물기둥의 높이가 낮아짐, 부피측정의 문제 등

문제 원인을 탐색하는 도중 다른 참고자료나 인터넷 등을 충분히 활용하도록 하고 활용한 자료는 꼭 기입하도록 한다.

9. 동일한 문제를 가진 친구와 문제 원인을 탐색해보자.

- 부피를 측정하지 않고 길이를 측정하였다. 아세트산이 아직 강철 솜에 묻어있다. 반응이 완전히 끝나지 못하였다. (강철 솜의 반응 속도를 변화시키기 위한 방법을 모색)

해결상황모색

동료들과 이야기한 내용을 바탕으로 해결방법을 찾아 다시 실험을 설계하고 진행하도록 한다.

문제를 해결하기 위해 진행한 실험방법을 구체적으로 제시하게 한다.

10. 친구들과 이야기한 내용을 바탕으로 해결방법을 찾아 다시 실험을 진행해보자. 수정한 실험 설계는 무엇인가?

- 이미 산화된 표면을 제거하기 위해 아세트산에 담가 둔 후, 강철 솜에 묻어있는 아세트산 제거하는 방법, 반응 속도 빠르게 하는 변인을 고려하는 방법, 높이를 측정하지 않고 메스실린더를 이용하여 부피를 측정하는 방법 등

해결활동 및 결과분석

11. 문제를 해결하기 위한 실험을 진행하고 결과를 정리해보자.

- 눈금실린더를 이용하여 물의 부피를 측정
- 자를 스탠드에 고정시켜 수직으로 세우고 측정
- 강철 솜을 아세트산에 10분 정도 담가두어 코팅을 최대한 제거
- 강철 솜을 시험관에 넣는 도중 산화가 되는 것을 방지하기 위해 빠르게 실험 조작 등

시간(분)	물기둥의 높이(cm)	시간(분)	물기둥의 높이(cm)
2	1.2	22	3.8
4	2.0	24	3.9
6	2.3	26	4.0
8	2.5	28	4.0
10	2.8	30	4.0
12	3.0	32	4.1
14	3.1	34	4.1
16	3.2	36	4.1
18	3.4	38	4.1
20	3.5	40	4.1

[실험결과]

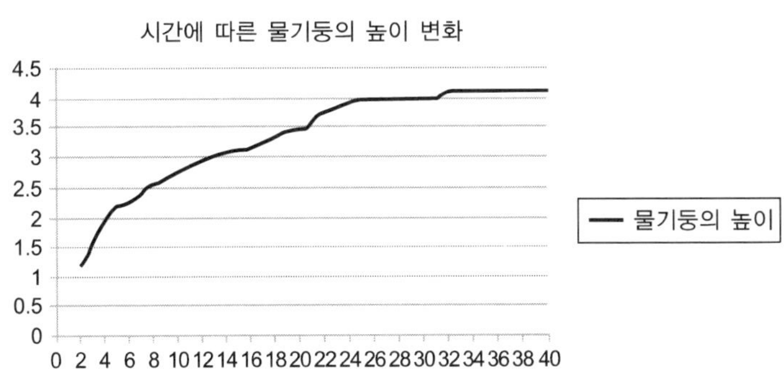

$$\frac{\text{올라간 물의 높이}}{\text{시험관의 전체 길이}} \times 100 = \frac{4.1\text{cm}}{19.95\text{cm}} \times 100 = 20.55\%$$

참고자료

기타 공기 중 산소량 측정 방법

주사기를 이용한 측정 방법

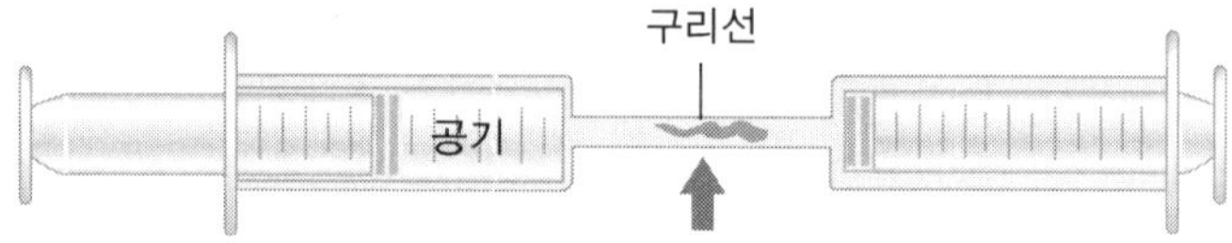

① 주사기 A에 건조한 공기를 넣고 부피를 측정한 다음, 공기를 뺀 주사기 B를 아래 그림과 같이 구리 코일이 담긴 유리관으로 연결한다.

② 유리관을 가열하면서 공기를 주사기 A에서 B로, B에서 A로 몇 차례 순환시킨 후, 남은 기체의 부피를 측정하여 처음보다 얼마나 줄었는지 비교한다. 구리(Cu)선을 충분히 가열하면, 공기 중의 산소가 붉은색의 구리(Cu)와 완전히 반응하여 검정색의 산화구리(II)가 된다. ($2Cu + O_2 \rightarrow 2CuO$)

③ 주사기 A를 눌러 남은 공기를 모두 주사기 B에 모이게 하여 공기의 부피를 측정하면, 산화구리(II)가 생성될 때 줄어든 공기의 부피, 즉 공기 중 산소의 부피를 확인할 수 있다. 가열 전 주사기 A의 공기 부피가 55.0mL였고, 가열 후 주사기 B에 모인 공기의 부피가 43.5mL라면, 공기 중에서 산소가 차지하는 부피 비는

$$\frac{55.0-43.5}{55.0} \times 100 = 20.9\%$$

피로갈롤을 이용한 방법

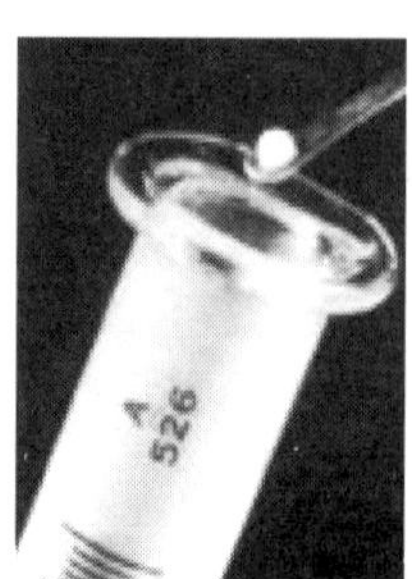

50mL 주사기에 수산화나트륨 과립 1정을 넣는다.

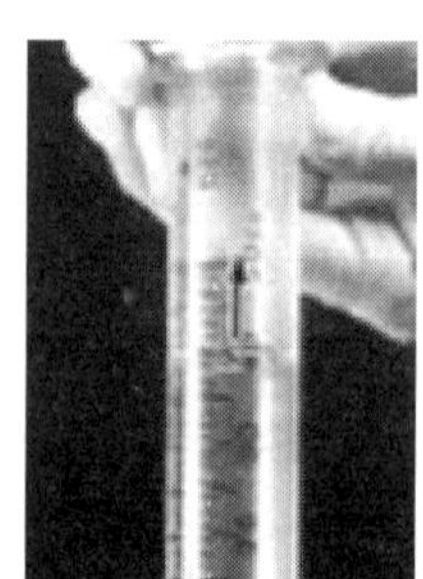

공기를 40mL 빨아들인다.

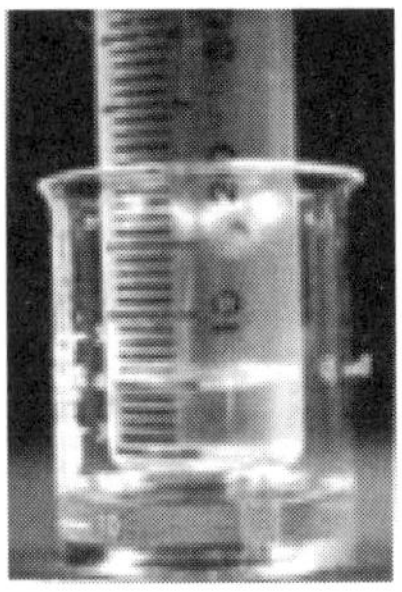

5% 피로갈롤 용액을 주사기로 5mL 빨아들인다.

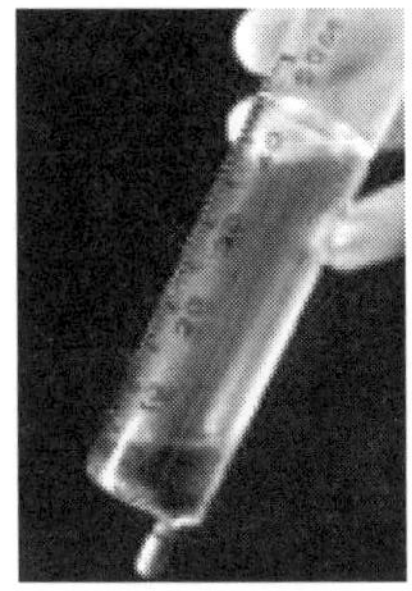

주사기의 입구를 막고 세차게 흔든다.

화학식은 $C_6H_3(OH)_3$이며 초성몰식자산이라고도 한다.

무색의 침상 결정으로 분자량 126.15, 녹는점 133～134°C, 끓는점 309°C이다. 물·에테르·에탄올 등의 용매에는 어느 정도 녹는데, 벤젠·석유 등에는 거의 녹지 않는다. 환원성이 강하고 알칼리성 수용액은 산소를 흡수하여 암갈색이 된다. 타닌산을 가수분해하면 얻는다. 안티모니·비스무트 등의 검출 시약이 되는 외에, 방부성·국소자극성이 있으므로 1～5% 연고로 만성 피부병에 애용하는데 독성이 있으므로 주의를 요한다.

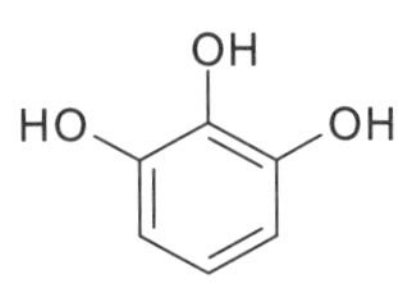

피로갈롤은 백색 판상 또는 무색 판상이며 극약이다. 알칼리 수용액은 산소를 흡수하여 흑갈색이 된다. 5% 피로갈롤 알칼리 수용액은 $1cm^3$당 약 7～$10cm^3$의 산소를 흡수한다. 실험에는 안전을 위하여 2～3배를 사용한다.

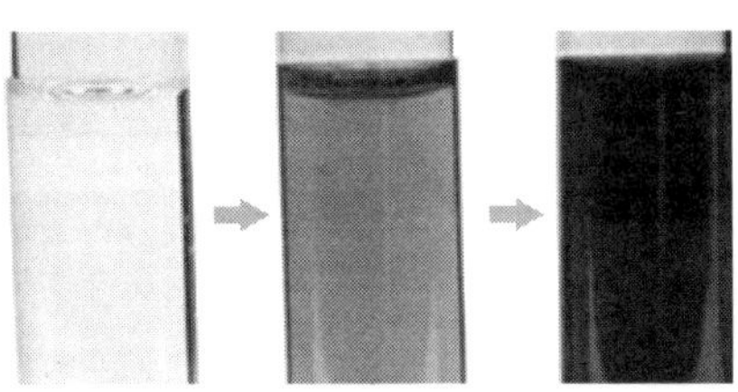

[산소의 흡수량에 따른 피로갈롤의 색변화]

주사기 내부 공기 부피가 40mL에서 32mL로 줄어들었다면

산소의 부피 비율은 $\frac{40.0-32.0}{40.0} \times 100 = 20(\%)$임을 확인할 수 있다.

문제해결

12. 자신의 해결방법과 친구들의 해결방법을 비교하여보고 누구의 해결방법이 가장 현명하였는지 생각해보자. 그 이유는?

13. 선생님이 설명하는 과학자의 해결방법을 듣고 앞으로의 실험에 대한 태도에 대하여 이야기해보자.

자신의 해결방법과 동료들의 해결방법을 비교해보고 누구의 해결방법이 가장 현명하였는지 생각해보게 한다.
가장 정확한 결과가 나오게 하는 해결방법보다는 새로운 변인을 고려하고 탐색한 방향으로 독려한다. 교사뿐만 아니라 동료와도 Modeling이 진행되도록 한다.

05 메트로놈의 동기화 현상

수업모델 문제해결형 – 교수적도움

이 수업은 과학자의 연구형태 중 문제해결형으로 진행된다. 두 메트로놈 사이에서의 동기화를 관찰하기 위한 실험에서의 문제점을 발견하고, 다양한 변인들을 고려하여 그 원인을 찾아 문제를 해결하는 과정을 경험할 수 있도록 구성되었다. 이 과정을 통해 문제를 해결하는 과정이 과학자에게 있어 중요한 연구과정임을 배우게 된다.

『문제해결형의 수업과정』

현상제시* → 탐색하기 → 활동 → 결과분석 → 문제상황발견 → 해결상황모색
↑ (문제해결안됨) ↓
문제해결 ← 결과분석 ← 문제해결활동

수업개요

1665년 2월 네덜란드의 물리학자 호이겐스는 자신이 만든 두 개의 추시계가 일정기간 동안 계속해서 똑같은 주기로 흔들리고 있는 모습을 발견하게 되었다. 이와 비슷한 현상으로 말레이시아의 깊은 원시림 속의 반딧불이들은 교배시기가 되면 서로 깜박이는 주기가 일치하게 되어, 멀리서 바라보면 거대한 불꽃이 깜박이는 것처럼 보이는 장관을 연출하게 된다. 또한, 1970년 마사 맥클린 톡과 캐서린 스턴 박사는 '여자들끼리 방을 같이 쓰면 생리 주기가 비슷해진다'는 사실을 알아냈다. 이와 같이 진동자가 적당한 상호작용에 의해 각 진동자의 리듬, 즉 진동수나 위상이 조절되는 현상을 "동기화현상"이라고 한다. 이 수업에서는 학생들은 두 개의 메트로놈이 동기화될 수 있는 방법을 생각해보고, 생각한 방법의 한계와 문제점을 발견하고 이를 보다 체계적으로 해결해 나가는 과정을 경험하게 될 것이다. 이를 통해 과학자들의 연구형태 및 사고과정을 이해하고, 과학자로서의 태도를 함양하는 것이 이 실험의 목적이다.

수업안내

- 수업 대상 : 고등학생 이상
- 예상 소요시간 : 3시간
- 수업 준비물 : 메트로놈 2개, 깡통 2개(페트병, 캔 등), 널빤지(하드보드지, 우드락 등), 초시계, 자, 기타 본문 참조

학습목표

1. 두 메트로놈의 1분 이상의 동기화 현상을 관찰하고, 그 경향성을 찾을 수 있다.
2. 실험 중 발생하는 문제점을 해결하는 과정에서 과학자의 연구형태와 사고과정을 학습한다.

현상제시

읽기자료 1

말레이시아의 깊은 원시림 속에는 오랫동안 물리학자들을 황홀하게 만들었던 자연 현상이 있다. 굽이도는 강을 따라 울창하게 우거진 맹그로브 숲 나뭇가지에 황혼이 깃들면 반딧불이들이 하나둘씩 깜박이기 시작한다. 어둠이 짙어지고 밤이 되면 어느새 강가의 나무숲은 반짝이는 반딧불이들로 장관을 이룬다. 그런데 경이롭게도 밤이 깊어지면 제각기 반짝이던 반딧불이들이 일순간 같은 박자로 깜박이기 시작한다는 것이다. 암컷을 유혹하기 위해 수컷 반딧불이들이 벌이는 한 밤의 불빛 콘서트는 무려 세 시간 이상 계속되기도 한다.

〈출처 : 정재승의 과학콘서트〉

읽기자료 2

네덜란드의 물리학자 크리스티앙 호이겐스(Christiaan Huygens)는 1665년 2월 가벼운 병으로 집 안에 누워 있어야 하는 신세가 되었다. 아무 할 일이 없던 그는 우연히 벽을 바라보다가 자신이 발명한 추시계에서 신기한 현상을 발견하게 되었다. 벽에 나란히 걸어놓은 두 추시계의 추들이 같은 위상, 같은 진동수로 흔들리고 있는 것이 아닌가! 그는 몇 시간 동안 추시계를 관찰해보았지만 추의 운동에는 변화가 없었다. 추 하나를 꺼내 위상을 반대로 바꿔 보았지만 30분도 채 안 돼 다시 같은 위상으로 흔들리고 있었다.

〈출처 : 정재승의 과학 콘서트〉

1. 반딧불이의 반짝거림과 호이겐스의 추시계라는 위의 두 경우는 어떤 공통점이 있는가?

- 각각의 개체들이 주기적인 운동을 하고 있다.
- 각 개체들이 어느 순간 같은 박자(진동수)로 운동한다.

2. 반딧불이의 반짝거림의 주기와 호이겐스의 추시계의 위상이 서로 비슷해지는 현상은 어떻게 일어날 수 있었을까?

- **반딧불이의 반짝거림** : 반딧불이가 자신 주변의 반딧불의 깜박임을 보고 자신의 깜박임을 맞추려고 함으로써 반짝임이 일치하게 됨
- **호이겐스 추시계** : 추의 진동이 벽을 통해 서로 다른 추에게로 전달되면서 적절한 상호작용이 일어나 위상이 같아짐

학생들이 다양한 생각을 발표하면서 반딧불이나 추시계의 동기화가 일어나기 위해서는 **적절한 매개체가 필요함**을 스스로 생각해 볼 수 있도록 한다.

3. 이와 비슷한 경험이나 현상을 발표해보자.

- 공연장에서 관중들의 박수소리가 서로 일치하게 되는 경우가 있다.
- 가을밤 귀뚜라미의 울음소리가 지휘자에 맞춰 노래하듯 들린다.
- 같은 방을 쓰는 여학생들의 생리주기가 비슷해진다.

이와 비슷한 현상을 다른 곳에서도 관찰할 수 있는지 학생들이 발표하게 한다.

탐색하기

4. 아래 그림은 서로 닮아가려는 현상들을 과학적으로 설명하기 위한 실험도구이다. 아래 기준에 따라 적절히 분류해보자.

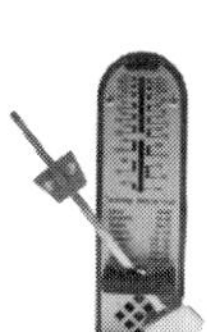

이 현상을 관찰하기 위해서는 주기적인 운동을 하는 진동자를 생각하도록 해야 한다. 오늘 수업에서는 self-oscilator인 메트로놈을 선택하도록 한다. 두 메트로놈을 연결하는 매개체로는 작은 페트병 2개, 하드보드지를 선택한다.

- **주기운동을 하는 물체** : 메트로놈
- **두 물체를 연결하는 매개체** : 작은 페트병, 하드보드지
- **기타** : 초시계

두 메트로놈의 진동수를 80이하의 진동수로 놓고 학생들에게 제공하도록 한다.

5. 위 실험도구를 이용하여 두 메트로놈이 서로 닮아가는 현상을 관찰하기 위한 실험방법을 설계해보자.

- 깡통 2개를 나란한 방향으로 놓고, 하드보드지를 위에 올려 균형을 맞춘다.
- 메트로놈 2개를 올린다.
- 메트로놈을 서로 다른 방향에서 시작하여 작동시킨다.
- 두 메트로놈의 운동을 관찰한다.

메트로놈 선택 시 유의사항 – 같은 제조회사 같은 제품일지라도 각 메트로놈마다 진동수가 조금씩 차이난다. 따라서, 메트로놈 선택 시, 진동수가 매우 정확한 것으로 사용해야 하며 두 메트로놈의 진동수 차이를 줄이기 위해 진동수는 같은 수치에 두고 실험하는 것이 좋다.

6. 설계한 방법으로 실험을 수행할 경우, 어떤 결과가 예상되는가?

- 두 메트로놈의 주기가 같아진다.
- 두 메트로놈의 운동모습(위상)이 동일해진다.

활동 및 결과분석

7. 실험 설계 내용을 바탕으로 다음 실험을 수행해보자.

① 페트병 2개를 책상 위에 나란히 놓고, 하드보드지를 올려 균형을 맞춘다.
② 하드보드지 위에 메트로놈 2대를 나란히 놓는다. (단, 메트로놈의 막대가 서로 부딪히지 않을 정도로 떨어뜨려 놓는다.)
③ 메트로놈 막대의 시작 위치를 정반대에 두고 작동시킨다.
④ 메트로놈의 운동을 관찰한다.

8. 시간에 따라 메트로놈의 운동이 어떻게 변하는지 적어보자.

- 두 메트로놈은 각자 주기운동을 하면서 어느 순간 같은 위상으로 움직이는 것처럼 보이지만, 곧 흐트러져 제각기 운동하는 양상을 보인다.
- 두 메트로놈은 각자의 주기운동으로 맥놀이 현상이 일어나지만, 동기화 현상은 일어나지 않는다.

맥놀이 현상과 동기화 현상은 서로 다르다. 맥놀이 현상은 일시적으로 두 메트로놈의 위상이 같아지는 것처럼 보이지만 곧 흐트러지면서 반위상과 동위상이 주기적으로 반복되는 양상을 보인다. 하지만, 동기화 현상은 두 메트로놈의 위상이 동기화된 이후에는 같은 위상을 유지하므로 일정한 시간을 정하여(대체로 1분이 적당하다) 그 시간 이상 같은 위상이 유지된 경우를 동기화가 이루어졌다고 보자. (학생들과 합의해서 그 시간을 정해도 좋다.)

문제상황발견

9. 위의 실험결과를 통해 어떤 문제점이 발생하였는지 토의해 보자.

- **문제점** : 쉽게 메트로놈의 동기화가 이루어지지 않으며, 동기화가 유지되지도 않는다.

10. 다음 동영상을 보며, 실제로 두 메트로놈이 어떻게 서로 닮아 가는지를 관찰하고, 여러분이 발견한 문제점의 원인을 생각해 보자.

① 두 메트로놈 사이의 매개체가 적절하게 두 메트로놈을 연결시켜 주지 못하기 때문일 것이다.
② 두 메트로놈 사이의 매개되는 힘이 너무 크거나 작아서 동기화가 이루어지지 않는 것이다.

③ 두 메트로놈의 진동수가 적절하지 못하여 동기화가 이루어지지 않을 것이다.
④ 주변에서의 다른 영향(바람, 온도 등)으로 두 메트로놈의 동기화가 이루어지지 않을 것이다.

해결상황모색

11. 위 실험에서 실험의 결과에 영향을 미칠 수 있는 요인들을 찾아보자.

- 메트로놈의 종류
- 메트로놈의 진동수
- 메트로놈 사이의 거리
- 널빤지의 종류
- 깡통의 종류

12. 위의 문제점을 해결할 수 있는 방법을 토의해보자.

- 두 메트로놈의 진동수를 변화시키면 1분 이상의 동기화를 이룰 수 있을 것이다.
- 두 메트로놈 사이의 거리를 다르게 하면 동기화를 이룰 수 있을 것이다.
- 널빤지의 종류를 다르게 하면 동기화를 이룰 수 있을 것이다.
- 깡통의 종류를 다르게 하면 동기화를 이룰 수 있을 것이다.
- 메트로놈의 종류를 다르게 하면 동기화를 이룰 수 있을 것이다. (실험실 상황에서는 메트로놈의 종류를 다르게 하여 실험하기 어려우므로 이는 제외시켜도 좋다.)

문제해결활동

13. 각 모둠마다 토의된 문제해결방법 중 한 가지를 선택하여 실험을 설계해보자.

13-1. 자신의 모둠에서 선택한 방법은 무엇인가?

- 두 메트로놈의 진동수를 변화시켜 실험해본다.

13-2. 기본적인 변인들을 구별하여, 실험상황에서 어떻게 통제할지를 생각해보자.

- **종속변인** : 메트로놈의 진동수(최소진동수 : 40, 최대진동수 : 208)
- **통제변인** : 메트로놈의 종류 : 독일 위트너사 소형 메트로놈 2대
  메트로놈 사이의 거리 : 20cm
  널빤지의 종류 : 하드보드지 (30cm × 20cm)
  깡통의 종류 : 사이다 페트병 (작은 것)
- **독립변인** : 1분 이상의 동기화의 유무, 동기화가 일어날 때가지 걸린 시간

13-3. 실험방법을 설계해보자.

[실험설계의 예]

1. 사이다 페트병을 평평한 바닥에 20cm 떨어지게 놓는다.
2. 하드보드지를 페트병 위에 균형을 맞춰 놓는다.
3. 하드보드지 위에 두 메트로놈을 20cm 떨어지게 놓는다.
4. 최소진동수 40Hz와 최대진동수 208Hz를 적당히 분배하여 종속변인(진동수)의 간격을 결정한다.
5. 원하는 진동수를 맞추고, 두 메트로놈의 막대를 반대위상으로 하여 메트로놈을 작동시킨다. 동시에 초시계도 작동시킨다.
6. 동기화가 1분 이상 이루어지는 구간이 있는지 확인하고, 그 때의 시간을 기록한다. (3 ~ 5분 정도 관찰하도록 한다.)

실험설계과정은 각 모둠이 선택한 종속변인에 따라 다양한 실험을 수행할 수 있도록 한다. 본 안내서에서는 메트로놈의 동기화에 가장 주된 요인인 진동수를 종속변인으로 한 경우만을 예시로 제시하였다. 따라서, 다른 종속변인을 선택한 경우에는 실험 설계 과정 및 결과 정리 부분이 달라질 수 있다.

통제변인들의 값은 학생들이 임의로 정하여도 좋고, 교사가 제시하여도 좋다. 본 안내서의 값은 실제 실험을 통해 얻은 값을 바탕으로 작성되었다.

메트로놈의 동기화는 두 메트로놈의 진동수 차이가 작아야 한다. 본 수업에서는 두 메트로놈의 진동수를 같이 두고, 다른 위상에서 시작하여 동기화를 살펴보았다.

동기화 현상은 초기 조건의 민감성을 가지고 있어 각 실험실의 상황에 따라 전혀 다른 결과가 나올 수 있으므로, 교사는 반드시 사전실험을 해보고 수업에 임해야 한다.

7. 종속변인인 진동수를 다르게 하며 1～6 과정을 반복한다.
8. 최소 3번 이상의 반복실험 후 결과를 보고, 동기화되는 시간의 경향성을 살펴보자.

14. 실험결과를 적어보자.

14-1. 각(진동수)에 따른 1분 이상의 동기화(닮아가는 현상) 유무를 다음 표에 기록해보자.

[1회 실험]

진동수 (Hz)	40	66	88	112	132	160	176	192	208
1분 이상의 동기화 유무 (동기화가 시작된 시간)	× ( )	× ( )	× ( )	× ( )	× ( )	○ (30)'	○ (40')	○ (25')	○ (29')
기타									

- **결과** : 진동수가 작을 때는 동기화현상이 일어나지 않다가 160Hz 이상에서 동기화가 일어난다.
- **특이사항** : 진동수가 높을 때에는 하드보드지가 조금씩 움직였다.

[2회 실험]

진동수 (Hz)	40	66	88	112	132	160	176	192	208
1분 이상의 동기화 유무 (동기화가 시작된 시간)	× ( )	× ( )	× ( )	× ( )	× ( )	○ (60')	○ (40')	○ (25')	○ (29')
기타									

- **결과** : 진동수가 작을 때는 동기화현상이 일어나지 않다가 160Hz 이상에서 동위상 동기화가 일어난다.
- **특이사항** : 페트병과 하드보드지가 움직이면서 두 메트로놈 사이의 힘을 교환해 주는 것 같다.

두 메트로놈을 연결해 주는 매개체의 힘이 적절히 상호작용해야 동기화를 이룰 수 있다. 이 실험에서 동기화는 서로 다른 위상으로 움직이는 메트로놈이 페트병과 하드보드지를 움직이고, 하드보드지의 움직임이 다른 메트로놈에게 전달되어 동기화가 이루어진다. 즉, 두 메트로놈 사이에는 힘의 교류가 이루어지고 있는 것이다. 따라서, 깡통과 바닥 사이의 마찰력이 너무 커서 깡통의 움직임이 원활하지 못하거나, 너무 미끄러우면 깡통의 움직임이 약해져서 동기화를 이루는 데 영향을 미칠 수 있다.

종속변인의 값을 반드시 등분배될 필요는 없으며, 종속변인의 종류에 따라 실험을 기록하는 표 및 그래프를 수정하도록 한다.

반위상 동기화란 위상이 반대 방향에서 동기화가 이루어지는 것이다. 마찰력의 미묘한 차이로 인하여 동위상 동기화가 일어나기도 하고, 반위상 동기화가 일어나기도 한다. 144Hz에서만 반위상 동기화가 일어나는 것이 아니라, 상황에 따라 다양한 진동수에서 반위상 동기화가 일어날 수도 있다.

[3회 실험]

진동수 (Hz)	40	66	88	112	132	160	176	192	208
1분 이상의 동기화 유무 (동기화가 시작된 시간)	× ( )	× ( )	× ( )	× ( )	○ (75')	× ( )	○ (40')	○ (25')	○ (29')
기타									

- **결과** : 진동수가 작을 때는 동기화현상이 일어나지 않다가 176Hz 이상에서 동위상 동기화가 일어난다.
- **특이사항** : 132Hz에서도 동기화가 일어났다.
  진동수가 높을 때에는 두 메트로놈 사이의 상호작용이 눈으로 보이나, 진동수가 낮을 때에는 페트병과 하드보드지의 움직임이 작다.

14-2. 이 실험에서 대략적인 경향성을 알아보기 위해 각 진동수에서 1분 이상의 동기화가 일어날 수 있는 확률을 구해보자.

① 각 모둠의 결과를 종합하여 확률을 구해보자.

> 각 모둠의 결과를 종합하여 진동수에 따른 메트로놈의 동기화 경향성을 그래프로 알아본다. 이때, 각 모둠마다 실험도구 및 실험 세팅 상의 미세한 차이가 있기 때문에 대략적인 경향성만을 보도록 한다.

특정 진동수에서 동기화가 일어날 확률 =
동기화가 일어난 횟수/실험횟수 × 100

진동수 (Hz)	40	66	88	112	132	160	176	192	208
1분 이상의 동기화가 일어날 확률(%)	0	0	0	0	30	65	95	100	100
기타									

② 위의 결과를 그래프로 그려보자.

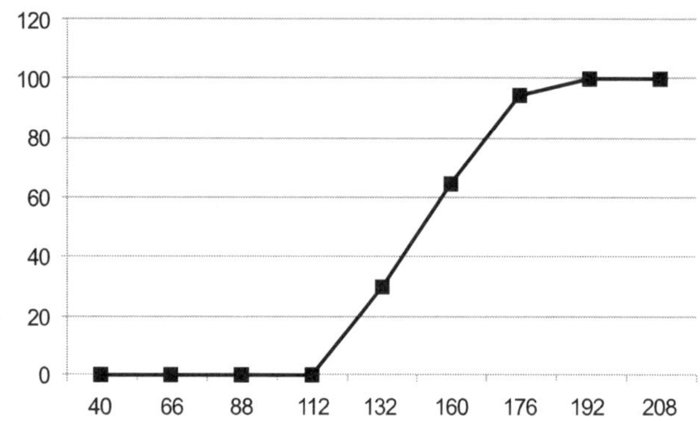

[진동수에 따른 1분 이상의 동기화 확률]

결과분석

15. (메트로놈의 진동수)에 따른 1분 이상의 동기화(닮아가는 현상) 유무를 실험해본 결과는 어떠한지 적어보자.

- 메트로놈의 진동수가 작을 때에는 동기화현상을 잘 관찰할 수 없지만, 진동수가 176Hz 이상으로 운동시켰을 때는 1분 이내에 동기화현상을 관찰할 수 있었다. 또한, 이때 형성된 동기화는 1분 이상의 시간을 유지할 수 있을 만큼 충분히 안정적이었다. 가끔씩, 반위상동기화가 나타나기도 하지만, 대체적으로 동위상동기화가 더 많이 일어났다. 결론적으로, 동기화현상은 진동수가 높을 때 잘 관찰할 수 있었다. 또한, 진동수가 높아짐에 따라 동기화되는 시간도 짧아지는 경향성을 미미하게 보였다.

16. 위와 같은 결과가 나온 이유에 대해서 토론해보자.

- 진동수가 낮을 때는 동기화되지 않다가 진동수가 높아지면 동기화된다. 그 이유는 진동수가 낮을 때는 메트로놈과 매개체 사이의 적절한 상호작용이 되지 않다가, 진동수가 높아지면 메트로놈과 매개체 사이의 상호작용이 적절해져서 동기화가 일어난다.
- 메트로놈의 막대를 보면 진동수가 낮을 때는 눈금간격이 매우 좁다가 진동수가 커질수록 눈금간격 또한 커진다. 이 사실을 다르게 생각하면 진동수가 커질수록 더 정확한 진동수를 맞출 수 있다는 것이다. 우리가 두 메트로놈을 같은 진동수로 맞추게 되면, 겉으로 보기에는 같은 진동수처럼 보이지만, 실제로는 미세한 차이가 존재할 수밖에 없다. 이때, 진동수가 높을 때는 두 메트로놈의 진동수 차이가 작을 수 있지만, 진동수가 낮아지면 정확한 진동수를 기술적으로 맞추는 것이 어려워지므로 두 메트로놈의 진동수 차이도 커진다고 볼 수 있다. 따라서 진동수가 낮을 때는 두 메트로놈의 진동수 차이가 커져서 동기화가 일어나지 않는 것일 수도 있다.

실제로도 진동수의 차이는 동기화에 영향을 미치는 것으로 알려져 있다. 진동수의 차이가 일정 수준 이상이 되면, 아래 표에서와 같이 동기화 영역에서 벗어나 비동기화된다.

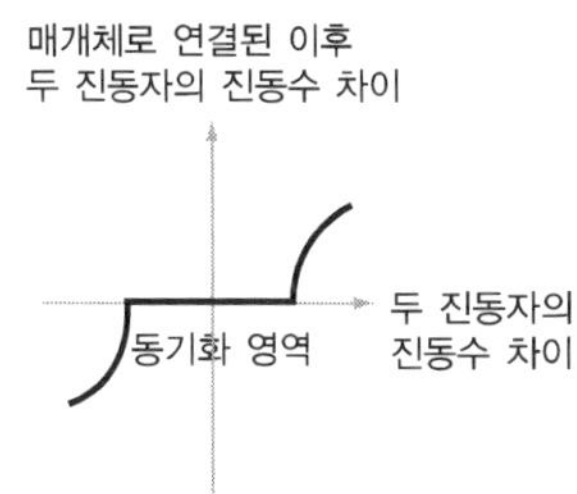

〈출처 : A.Pikovsky, M.Fosenblum and J.Kurths, *synchronization; A universal concept in nonlinear sciences* (Cambridge University Press, Cambridge, 2001)〉

17. 이 실험의 한계점은 무엇인지 생각해보자.

- 동기화의 유무를 눈과 귀로 관찰하는 정성적인 실험을 하였으나, 정량적인 해석을 할 수는 없고, 또한 실험의 정확도가 떨어진다.
- 메트로놈을 동기화시키는 데 있어 관련되는 변인들이 너무 많고, 또한 그 변인들을 정확하게 통제할 수 있는 방법이 부족하였다.
- 낮은 진동수에서의 동기화의 유무가 우리가 관찰한 시간이 부족해서이지, 실제로 일어나는 않는 현상인지 구별하기 어렵다.
- 메트로놈의 동기화에 대한 정확한 학문적 해석이 불명확한 상황이므로 관찰결과에 대한 해석을 할 때 오류가 발생할 수 있다.

문제해결

18. 지금까지의 활동을 통해 동기화에 대한 어떤 면을 알 수 있나?

- 두 진동자를 적절한 매개체로 연결하여 상호작용할 수 있도록 하면 동기화가 이루어진다. 또한, 동기화에는 각 진동자의 진동수가 영향을 미치는 것을 알 수 있다. 또한, 주위의 작은 변화(페트병과 바닥 사이의 마찰력, 받침대의 종류 등)에 민감하게 반응하는 초기조건의 민감성을 보인다.

19. 메트로놈의 동기화를 이루기 위해 지금까지 어떤 문제해결 과정을 거쳤는지 간략히 정리해보자.

- 메트로놈의 동기화가 쉽게 일어날 것으로 기대하며 실험을 수행해보았으나, 메트로놈의 동기화가 일어나지 않는 문제점을 발견하였다. 따라서, 그 원인을 다양한 변인 속에서 찾아 종속변인, 독립변인, 통제변인으로 구별하고, 실험을 보다 체계적으로 설계하여 수행해본 결과 동기화가 일어나는 조건을 찾을 수 있었다.

20. 오늘의 실험의 의의는 무엇인지 적어보자.

- 실제로 관찰하기 힘든 동기화 현상을 직접 눈으로 관찰할 수 있었고, 그 경향성을 개략적으로 파악할 수 있었다.
- 단순해 보이는 실험도 실제 실행해보면 여러 가지 어려운 문제점이 발생할 수 있고, 그 문제점을 해결하기 위해서는 과학적인 사고와 과정을 통해 실험을 설계하고 수행해야 하며, 그 과정이 어렵더라도 인내하는 자세가 필요하다.

06 표면성장 실험

수업모델 문제해결형 – 교수적도움

이 수업은 과학자의 연구형태 중 문제해결형으로 진행된다. 표면이 성장하는 현상을 과학적으로 설명하고자 하는 실험의 과정에서 발생되는 문제를 해결하는 과정에서 과학자의 연구과정을 배우게 된다. 문제해결형 연구과정에서 본 모듈은 활동과 결과분석의 단계가 동시에 진행*되도록 구성하였고, 문제해결안됨 과정이 빠져있다.

『문제해결형의 수업과정』

예상하기 → 탐색하기 → 활동 및 결과분석* → 문제상황발견 → 해결상황모색

↑ (문제해결안됨) ↓

문제해결 ← 결과분석 ← 문제해결활동

수업개요

이 모듈에서는 주변에서 쉽게 접할 수 있는 표면이나 경계면의 성장을 관찰하고 그 현상을 과학적으로 설명하기 위하여 실험을 설계하고 검증하는 실험을 함으로써, 표면성장에 대한 과학적인 설명을 얻어내는 과정을 학습하게 된다. 이 과정에서 발생하는 문제를 계속해서 해결해나가도록 모듈을 구성하였다. 각 단계별 내용이나 활동은 주변에서 쉽게 접할 수 있는 소재들로 구성하였다. 여기서는 일정 시간 간격으로 경계면의 거칠기를 측정하는 실험의 과정에서 문제해결을 반복하게 된다. 결과적으로 일정 시간 간격으로 사진을 찍어서 최고점과 최저점의 높이차를 측정하는 실험에 이르기까지 발생되는 문제상황을 해결하도록 하였고, 학생들의 계속되는 의문상황은 시간적인 제약이 없다면 계속하여 진행될 수 있도록 하였다. 이 과정에서 과학자의 연구형태 및 사고과정을 이해하고, 과학자로서의 태도를 함양하는 것이 이 실험의 목적이다.

수업안내

- 수업 대상 : 고등학생 이상
- 예상 소요시간 : 3시간
- 수업 준비물 : 한지, 흡수지, 커피, 콜라, 잉크, 네임펜, 방안지, 비디오, 카메라, 자 등

학습목표

1. 표면성장 현상을 과학적으로 설명할 수 있다.
2. 표면성장을 과학적으로 설명하는 과정에서 과학자들의 연구형태와 사고과정을 학습한다.

예상하기

학생들이 스스로 생각을 이끌어낼 수 있도록 충분히 기다려준다.

1. 커다란 한지를 보자. 여기에 물을 흡수시키면 어떻게 될까? 물이 흡수되는 게 잘 보일까?

- 색깔이 있는 다른 용액을 사용하면 좋겠다.

2. 색깔이 있는 용액이 흡수되어 마른 한지를 보여준다.

2-1. 어떤 방법으로 실험을 하면 좋을까?

① 색깔이 있는 용액을 커다란 수조에 담는다.
② 한지를 담그고 윗부분을 테이프로 고정시킨다.
③ 시간을 재면서 눈으로 관찰하도록 하거나, 고정된 위치에서 카메라로 1분 간격으로 사진을 찍는다.

2-2. 실제 실험하기

2-3. 실험을 통해 한지에 용액이 흡수될 때 나타나는 변화가 있는가? 어떤 변화가 있었는지 기록해보자.

- 흡수되는 용액의 경계면이 점점 거칠어진다.

3. 우리 주변에서 이와 비슷한 현상을 본 경험이 있는가? 있다면 어떤 경우인가?

- 물에 젖은 책의 얼룩, 커피가 묻은 옷의 얼룩 등

탐색하기

4. 지금까지 실험해본 현상을 과학적으로 설명하기 위한 과정에 대하여 논의해보자.

4-1. 여러분이 과학자가 되어서 지금까지 관찰한 현상을 바라본다면, 이 현상에 대하여 무엇을 설명할 수 있을까? 무엇을 측정하여 이 현상을 설명할 수 있을까?

- 시간에 따라 경계면의 거칠기가 변화되는 정도
- 용액이 흡수되어 만들어지는 경계면의 높이 차이

학생들의 논의가 잘 진행되지 않는 경우 실제 과학자들의 활동을 소개한다.
(실제 과학자들의 실험활동 : 1000개 이상의 격자를 만들어 표준편차를 구하는 방법으로 실험을 한다.)

4-2. 시간에 따른 경계면의 높이 차이를 하나하나 다 구하는 것이 가능할까? 어떤 방법을 사용하면 좋을까? 논의하여 적어보자.

- 흡수된 종이가 마르면 종이에 일정한 간격으로 줄을 긋고, 경계면의 높이 차이를 측정한다.
- 실험방법을 단순화시켜서 시간대별로 최고점과 최저점 높이 차이만 측정한다.

4-3. 실험을 어떻게 해야 하는지 실험방법을 적어보자.

① 색깔이 있는 용액을 커다란 수조에 담는다.
② 흡수지를 담그고 윗부분을 테이프로 고정시킨다.
③ 시간을 재면서 3분 간격으로 최고점과 최저점에 점을 찍는다.
④ 30분 정도가 지나면 흡수지를 꺼내어 말린다.
⑤ 흡수지가 다 마르면 각 시간대별로 최고점과 최저점의 높이차를 기록한다.
⑥ 시간과 높이차의 관계를 알아보기 위하여 그래프를 그린다.

실험방법을 학생들의 논의과정에서 결정하도록 충분한 시간을 제공한다.

활동 및 결과분석

5. 각 조에서 논의한 결과대로 직접 실험을 수행하고 결과를 기록해보자.

5-1. 시간에 따라 물이 올라간 높이를 기록해보자.

시간( )								
높이차( )								

◎ 모눈종이를 제공하고, 결과그래프를 일직선이 되도록 연결해야 함을 인식하지 못하는 학생들의 경우에는 교수적도움을 제공한다.

5-2. 주어진 모눈종이에 결과를 그래프로 그려보자.

◎ 그래프로 시간에 따라 높이차가 증가하는 경향성을 확인할 수 있다.

6. 실험결과를 분석하고 결과에 대해 논의해보자. 그래프로부터 어떤 결론을 내릴 수 있는가?

- 시간이 흐를수록 높이차가 커진다.

문제상황발견

7. 실험의 과정에서 떠오르는 문제점에는 어떤 것들이 있었는지 논의하여 적어보자.

- 일정 시간 간격으로 점을 찍는 것이 시간적인 오차발생을 일으켰고, 찍힌 점이 물의 흡수를 방해하는 요인이 되기도 했다.

해결상황모색

8. 위의 문제점을 해결할 수 있는 방법을 토의해보자.

- 일정 시간 간격으로 사진을 찍어서 사진을 분석한다.
- 1시간 정도 비디오를 찍어서 각 화면을 일정한 시간 간격으로 잘라서 그 화면을 분석한다.

문제해결활동

9. 문제를 해결할 수 있는 방안 중 한 가지를 선택하여 직접 실험을 하고 결과를 기록해보자.

9-1. 시간에 따라 물이 올라간 높이를 기록해보자.

시간( )								
높이차( )								

9-2. 주어진 모눈종이에 결과를 그래프로 그려보자.

결과분석

10. 실험결과를 분석하고 결과에 대해 논의해보자.

10-1. 그래프로부터 어떤 결론을 내릴 수 있는가?

- 시간이 흐를수록 높이차가 커진다.

10-2. 결과를 다른 조와 비교해보자. 결과가 어떠한가?

- 경계면의 모양이 비슷하다. 앙상블 통계

10-3. 다른 조와 선생님이 실험한 결과까지를 합해서 평균을 구해보자.

시간(　)								
높이차 합계								
평균 높이차 (　)								

앙상블(ensemble)
어떤 함수가 시간에 대해 한 값으로 정해지는 함수를 확정적 (deterministic) 함수라 말하고 그 값이 통계적으로 주어지는 함수를 통계적 함수(stochastic or random)라 한다. 통계적 함수의 경우 일정한 시간 동안 구한 데이터를 샘플이라 하며 흔히 실험 등을 수행할 때, 실험결과의 신뢰성을 높이기 위해 이러한 샘플을 동일한 조건 하에서 여러 개를 구한다. 이렇게

10-4. 제공된 모눈종이를 이용하여 평균 높이차로 그래프를 다시 그려보자.

구해진 여러 개의 샘플의 집합을 앙상블이라 한다.

〈앙상블 예시〉

10-5. 평균 높이차 그래프로부터 무엇을 설명할 수 있는가?

- 시간이 흐를수록 평균 높이차가 커진다.
- 실험 횟수가 많아질수록 보다 나은 결과를 얻을 수 있다.

문제해결

11. 지금까지 실험을 통하여 종이에 물이 흡수될 때 경계면에서 발견되는 규칙성은 무엇인가?

- 종이에 물이 흡수될 때 시간이 흐를수록 높이차가 커진다.

12. 지금까지 실험과정에서 궁금한 점이나 기타 논의할 사항이 있다면 기록해보자.

- 시간이 흐르면 무한정 계속해서 높이차가 커지는 것일까?
- 종이의 폭이 달라지면 결과는 어떻게 달라질까?

시간적인 제약이 없다면,
1. 두 시간 이상 실험을 실시하여 결과를 직접 확인하게 하고, 그렇지 못한 경우, 미리 촬영한 비디오 자료를 이용하여 결과를 확인하게 한다.
2. 시간이 허용되는 경우, 폭을 달리하여 실험을 실시하고 결과를 확인하게 한다.

07 광합성에 영향을 주는 식물의 색소 알아보기

수업모델 문제해결형 – 교수적도움

이 수업은 과학자의 연구형태 중 문제해결형으로 진행된다. 녹색 식물의 잎이 빛의 파장에 따라 광합성이 어떻게 달라지는지를 직접 MBL을 이용한 실험을 통해서 확인해보는 것이 이 수업의 목적이다. 문제해결형의 연구과정에서 본 모듈은 활동과 문제해결 과정이 빠져있다.

『문제해결형의 수업과정』

예상하기 → 탐색하기 → 활동 → 결과분석 → 문제상황발견 → 해결상황모색

↑ (문제해결안됨) ↓

문제해결 ← 결과분석 ← 문제해결활동

수업개요

지구상의 모든 생명체는 생명 활동을 하기 위해 끊임없이 에너지가 필요하다. 이러한 생명체들은 생명 활동에 필요한 에너지를 광합성을 통해 얻게 된다. 광합성은 빛에너지를 생명체 내에 화학에너지 형태인 유기물로 저장하게 된다. 이러한 광합성은 식물세포 내에 녹색의 알갱이처럼 보이는 엽록체에서 일어난다. 이 엽록체 속에는 빛을 흡수하는 광합성 색소로 엽록소 a, b, 카로틴과 크산토필이 들어 있다. 주로 빛은 엽록소 a, b에 의해서 흡수된다. 이들 색소는 어떤 파장의 빛을 가장 잘 흡수할까? 녹색 잎에서 분리 추출한 색소에 프리즘으로 분리된 빛을 비추면 파장별로 흡수되는 정도를 알 수 있는데, 이것을 흡수스펙트럼이라고 한다. 엽록소 a, b는 약간의 차이는 있지만 청색계열과 적색계열을 가장 잘 흡수하고, 녹색계열과 황색계열은 거의 흡수하지 않는다. 그렇다면, 흡수한 빛의 파장에 따라서 광합성은 어떻게 되는지를 알아볼 수 있는데, 이것을 작용스펙트럼이라고 한다. 이를 통해 흡수스펙트럼과 작용스펙트럼이 거의 일치함을 확인할 수 있다. 그러나 엽록소 a, b에 의해서 흡수되지 않는 녹색계열의 빛에서도 광합성이 일어남을 그래프를 통해서 확인할 수 있다. 그렇다면, 어떻게 해서 녹색계열의 빛에서도 광합성이 일어날 수 있을까? 그것은 바로 카로틴과 크산토필이라는 색소에 의해서 흡수된 빛이 광합성에도 도움을 주기 때문이다. 이번 수업은 광합성 색소 분리 실험을 통해서 엽록소 a, b뿐만 아니라 카로틴과 크산토필이라는 보조 색소가 광합성에 영향을 준다는 것을 이해하는 것이다.

수업안내

- 수업 대상 : 중학생 이상
- 예상 소요시간 : 3시간
- 수업 준비물 : 식물, MBL 세트

학습목표

1. 빛의 파장에 따른 광합성률을 설명하는 과정을 통하여 과학자의 연구형태와 사고과정을 익힌다.
2. 광합성에 영향을 주는 광합성 색소의 종류를 알고 분리할 수 있다.

예상하기

1. 다음 그림은 햇빛을 프리즘에 통과시켰을 때 나타나는 빛의 스펙트럼을 나타낸 것이다.
(단, 가시광선의 파장은 380nm(보라색) ~ 780nm(빨간색)이다.)

✪ 빛의 파장에 따라서 프리즘에서 일어나는 굴절률이 다르며, 우리가 물체를 볼 수 있는 것은 바로 가시광선 영역의 빛 때문임을 이해한다.

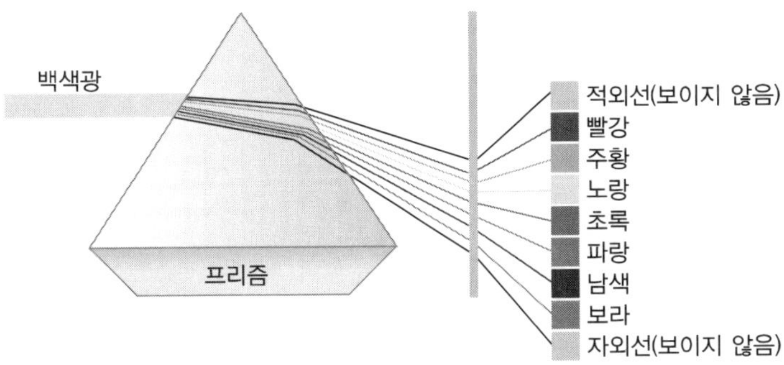

위의 가시광선 영역에서 녹색 식물의 광합성이 일어나는 정도를 그래프로 대략적으로 나타내고, 그렇게 생각한 이유를 적어보자.

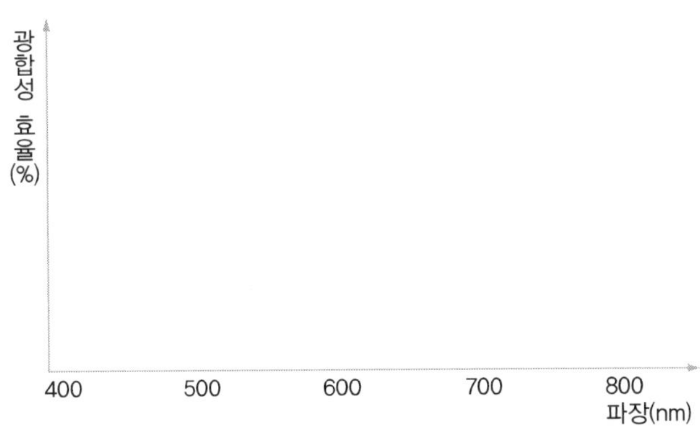

- **이유** : 녹색 식물은 청색광과 적자색광을 흡수하여 광합성을 하게 된다. 그러므로, 청색광 영역과 적자색광 영역에서 광합성이 상대적으로 많이 일어나며, 반사하는 영역인 녹색광 영역에서는 거의 일어나지 않게 된다.

탐색하기

2. 다음은 빛의 파장에 따른 식물의 광합성률을 알아보는 실험이다.

광합성이 일어나기 위해서는 충분한 양의 이산화탄소가 공급되어야 한다. 입김 이외의 방법으로 이산화탄소를 미리 공급할 수 있다. 대표적으로 $NaHCO_3$를 다량 넣어 줄 수도 있다.

셀로판지의 빛의 파장을 정확하게 MBL장치를 이용하여 미리 측정해 놓는 방법도 좋다.

[실험재료]

식물, MBL 세트

[실험방법]

① 삼각플라스크에 식물을 넣는다.
② 삼각플라스크에 입김을 불어 넣는다.
③ 삼각플라스크와 전등 사이에 얇은 물이 든 수조를 놓는다.
④ 삼각플라스크를 여러 색깔의 셀로판지로 감싼 후 빛의 파장을 측정한다.
⑤ 빛의 파장에 따른 산소 발생량을 측정하여 기록한다.

결과분석

3. 빛의 파장에 따른 산소 발생량을 그래프로 그려본 후 예상한 결과와 비교해보자.

3-1. 삼각플라스크에 입김을 불어 넣는 이유는 무엇인가?

- 광합성에 영향을 주는 요인에는 온도, 이산화탄소 농도, 빛의 세기와 빛의 파장이 있다. 여기서 이산화탄소를 충분하게 공급하여 실험이 진행되면서 이산화탄소의 농도에 의한 영향을 주지 않도록 하기 위해서이다. 즉, 이산화탄소를 통제하기 위해서이다.

3-2. 삼각플라스크와 전등 사이에 얇은 물이 든 수조를 넣은 이유는 무엇인가?

- 전구에서는 빛과 함께 열이 발생한다. 그러므로, 열을 통제시키지 않으면 빛의 파장에 의한 광합성량을 정확하게 얻을 수 없다. 그러므로, 빛만 통과시키고 열은 흡수할 수 있는 물이 든 얇은 수조를 놓는 것이다. 즉, 온도를 통제하기 위해서이다.

3-3. 어떤 빛의 파장에서 산소 발생량이 가장 많은가?

- 적색계열과 청색계열의 파장

3-4. 어떤 빛의 파장에서 산소 발생량이 가장 적은가?

- 녹색계열의 파장

문제상황발견

4. 빛의 파장에 따라 산소 발생량이 다른 이유는 무엇일까?

- 녹색 식물이 흡수하여 광합성 작용에 사용되는 빛의 파장이 다르기 때문이다.

해결방안모색

5. 위와 같이 빛의 파장에 따라 산소 발생량에 차이가 나는 원인을 구체적으로 증명할 수 있는 방법은 무엇일까?

- 식물의 잎에 있는 색소를 추출하여 빛의 흡수율을 측정해본다.

광합성 색소 분리 실험을 소개한다.

문제해결활동

6. 위와 같은 문제를 해결하기 위한 실험을 토의를 통해 설계해 보자.

- 엽록소 a, b 이외의 성분이 식물의 광합성에 영향을 줄 것이므로 녹색 잎을 이용해서 빛을 흡수하는 광합성 색소를 분리해보는 실험을 실시한다.
- 여러 색깔의 단풍잎을 이용해서 실험을 하고, 그 단풍잎의 광합성 색소를 분리해보는 실험을 실시한다.
- 여러 종류의 조류(예를 들면, 홍조류, 녹조류, 갈조류)를 이용해서 빛의 파장에 따른 실험을 실시 한 후 광합성 색소를 분리해보는 실험을 실시한다.

식물의 잎의 색깔에 따라서 광합성이 다르게 일어남을 설계할 수도 있다. 물론, 이때 빛의 세기와 온도는 통제변인이 된다.

결과분석

7. 녹색 식물의 잎에서 추출한 광합성 색소에는 어떠한 것들이 있는지 관찰한 사실을 기록해보자.

색소명				
색 깔				

참고자료

[실험제목]

잎의 색소 분리 실험

[실험과정]

(1) 세로 11cm, 가로 2cm 정도 되도록 자른 거름종이를 준비하여, 아래에서 1.5cm 되는 곳에 연필로 기준선을 긋는다.

(2) 시금치 잎을 거름종이의 기준선 위에 놓고 동전으로 눌러 녹색 선이 나타나도록 한다. 이때 선이 진하게 나타날 때까지 여러 번 반복한다.

(3) 500mL 비커에 에탄올을 깊이 1cm 정도 넣는다.

(4) 거름종이를 셀로판테이프를 이용하여 샬레 뚜껑에 붙이고 비커에 담근다. 이때 거름종이의 끝이 에탄올에 잠기도록 하되, 녹색 선은 닿지 않도록 한다.

(5) 에탄올이 거름종이 끝 1cm 정도까지 올라왔을 때 거름종이를 꺼내어 에탄올이 올라간 선(용매전선)을 연필로 표시한다.

(6) 거름종이를 말린 후 각 색소가 위치하고 있는 부분(색소전선)을 연필로 표시하고 색깔을 기록한다.

[정리]

(1) 전개율(Rf)은 (색소전선) / (용매전선)으로 구할 수 있다.

색 깔				
색소명				

전개율의 크기는 > > > 의 순서이다.

(2) 광합성 색소가 분리되는 이유는 :

08 알카셀처의 반응 조건

수업모델 **문제해결형 – 도움중지**

이 수업은 과학자의 연구형태 중 문제해결형으로 진행된다. 알카셀처의 반응을 통하여 반응 속도에 영향을 주는 요인들을 탐색하고 반응 속도를 측정한다. 또한 변인들을 통제하여 반응 속도를 조절할 수 있도록 실험을 설계하고 수행함으로써 문제 해결 과정을 알아보는 것이 이 수업의 목적이다. 문제해결형의 연구과정에서 문제 해결 과정이 빠져있다.

『문제해결형의 수업과정』

예상하기 → 탐색하기 → 활동 → 결과분석 → 문제상황발견 → 해결상황모색

↑ (문제해결안됨) ↓

문제해결 ← 결과분석 ← 문제해결활동

수업개요

알카셀처(Alka-seltzer)는 위산과다증이나 위·십이지장 궤양이 있을 때 먹는 제산작용이나 진통작용을 하는 의약품이다. 알카셀처를 물에 넣으면 싸~하는 소리와 함께 물과 반응하여 이산화탄소 기포가 발생하면서 녹는다. 필름통 뚜껑을 닫으면 발생한 기체로 인해 필름통 뚜껑이 발사된다.

본 학습에서는 알카셀처의 반응을 통하여 반응 속도를 이해하고, 반응 속도에 영향을 주는 요인과 반응 속도를 조절하는 문제에 직면하게 된다. 즉, 알카셀처의 반응 속도를 빠르게 혹은 느리게 조절할 수 있는 조건은 무엇인가? 라는 문제 상황을 주고 이를 해결하기 위해 학생들이 가설을 설정하고 실험을 하도록 한다. 알카셀처의 반응 속도에 영향을 주는 요인으로는 온도, 알카셀처의 양, 물의 양, 알카셀처의 표면적, 촉매 등이 있는데 이 중 알카셀처의 양에 따라 물이 많아질수록 반응 속도가 빨라지기도 하고 느려지기도 하는 다양한 경향성을 보게 된다. 실험결과를 분석하고 다양한 탐구 설계를 수행하면서 과제를 해결하는 경험을 하게 된다.

수업안내

- 수업 대상 : 중학생 이상
- 예상 소요시간 : 3시간
- 수업 준비물 : 알카셀처정, 물, 필름통, 기타 본문 참조

학습목표

1. 화학반응의 속도에 영향을 주는 요인에 대해서 알 수 있다.
2. 반응 속도에 영향을 주는 요인에 대한 탐구의 각 과정에서 발생하는 문제를 해결하는 과정에서 과학자의 연구 형태와 사고 과정을 학습한다.

예상 및 탐색하기

1. 실험결과를 예상해보고, 그렇게 예상한 이유에 대해 설명해 보자.

1-1. 필름통에 드라이아이스 조각(각설탕의 1/8 정도 크기) 3 ~ 4개를 넣고 뚜껑을 닫는다. 잠시 후에 어떤 일이 일어날까?

- 필름통 뚜껑이 '펑'소리를 내며 튕겨 나간다.

1-2. 왜 이런 현상이 생겼을까 설명해보자.

- 보통 한 물질이 상태변화를 할 때, 고체일 경우 보다는 액체일 때, 그리고 기체일 경우가 더 많은 부피를 차지하게 된다. 드라이아이스는 기체인 이산화탄소(CO_2)를 냉각 압축하여 고체 이산화탄소로 만든 냉각제로 고체가 기체로 변하면서 필름통 속 기체의 부피가 증가하여 (1cm^3의 고체가 기체로 변하면 1600cm^3 정도까지 부피가 늘어남) 그 압력으로 인해 필름통 뚜껑이 튕겨 나가게 되는 것이다.

2. 1–1에서 관찰한 현상이 더 잘 나타나게 하려면 어떻게 하면 될까?

- 따뜻한 손으로 감싼다. 찬물을 넣어준다. 드라이아이스를 잘게 부순다. 드라이아이스를 많이 넣어준다. 등

관찰한 현상이나 궁금한 내용을 적어 보도록 유도한다.

활 동

실험하기 전 학생들이 각 단계가 진행되는지 살피고, 진행되지 않는 학생들에 한하여 각 단계가 진행되도록 유도한다.

3. 각 과정을 수행하는 이유를 알아보고, 각 과정에서 나타나는 현상을 정리해보자.

실험활동

[실험재료]

알카셀처정, 100mL 비커, 뚜껑있는 35mm 필름통, 스포이트나 피펫, 물, 초시계, 줄칼

※ 보안경 착용

[실험과정]

실험 시 주의사항

1. 친구의 얼굴을 향하지 않도록 한다.
2. 천장에 달린 형광등을 향하지 않도록 한다.
3. 필름통은 '후지 필름통'이 잘 된다. 다른 필름통은 기체가 새나가므로 튕겨 나가지 않는다.

① 포장에서 알카셀처의 성분을 확인하고 기록한다.
② 비커에 물을 넣고 알카셀처를 넣고 변화를 관찰한다.
③ 물이 담긴 35mm 필름통에 알카셀처를 넣음과 동시에 즉시 뚜껑을 닫고 'pop'에 걸리는 시간을 측정한다. (필름통 옆을 쥐고 멀리 들고 있을 것)
④ 'pop' 현상이 일어나기까지의 시간이 의미하는 것이 무엇인지 생각해보자.

결과분석

4. 주의사항에 따라 실험을 수행하면서 예상한 현상과 맞는지 확인하고 실험결과를 정리해보자.

4-1. 포장지에 기록된 알카셀처의 성분을 알아보자.

- 1정당 아스피린(아세틸살리실산, $C_9H_8O_4$)은 325mg, 시트르산($C_6H_8O_7$)은 1000mg, 탄산수소나트륨($NaHCO_3$)은 1916mg이 들어있다.

참고자료

- 알카셀처에는 산과 염기 성분이 포함되어 있다. 성분들 중 아스피린(일양성자산, $HC_9H_7O_4$), 시트르산(삼양성자산, $H_3C_6H_5O_7$)은 산으로 작용하고, 탄산수소나트륨($NaHCO_3$)은 염기로 작용한다. 알카셀처를 물에 넣으면 이들 산과 염기가 서로 반응하여 기포가 발생하며 녹아들어 간다. 물에 녹으면서 산–염기 중화반응이 일어나는 것이다.
- 알카셀처 반응
  - 시트르산과의 반응

$$3NaHCO_3(aq) + H_3C_6H_5O_7(aq) \rightarrow 3H_2O(l) + 3CO_2(g) + Na_3C_6H_5O_7(aq)$$

  - 아세틸살리실산(아스피린)과의 반응

$$NaHCO_3(aq) + HC_9H_7O_4(aq) \rightarrow H_2O(l) + CO_2(g) + NaC_9H_7O_4(aq)$$

물과 알카셀처가 반응하는 모습

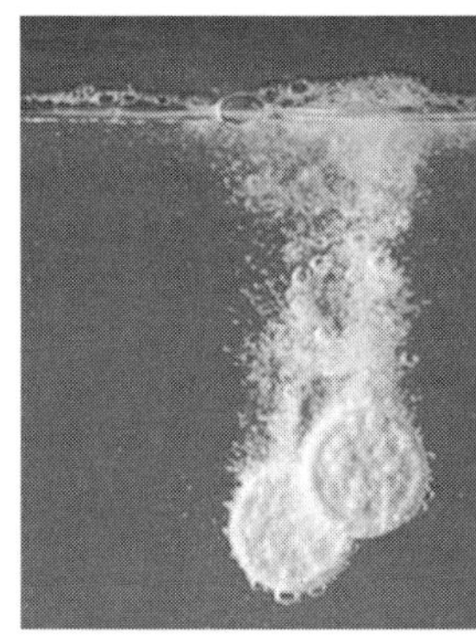

4-2. 알카셀처와 물의 반응 관찰하고 기록해보자.

- 알카셀처를 물에 넣으면 녹으면서 '치' 하는 소리와 함께 기포가 발생한다.

4-3. 'pop'까지 걸린 시간을 기록해보자.

- 예 'pop'이 일어날 때까지 걸린 시간

	1회	2회	3회	4회	5회
알카셀처의 양	1정	1정	1정	1정	1정
물의 양(mL)	5	10	15	20	25
시간(초)	11.03	11.63	11.97	10.62	8.72

5. 'pop'까지 걸린 시간은 무엇을 의미하는가?

- 반응 속도에 해당한다. 알카셀처와 물이 반응하여 이산화탄소가 생성되고 필름통 안을 채우게 된다. 즉,'pop'의 속도는 이산화탄소의 생성 속도에 따라 변화하게 된다.

$$\text{반응 속도} = \frac{\text{반응물의 농도변화}}{\text{시간의 변화}} = \frac{\text{생성물의 농도변화}}{\text{시간의 변화}}$$

문제상황발견

6. 다음 과제를 수행할 수 있는 실험을 설계해보자. 또한 탐구 과정에서 발견된 문제점에 대하여 토의해보자.

과제 1 : 30초에 'pop'이 일어나는 필름통 타이머 만들기
과제 2 : 연속적으로 'pop! pop! pop!' 알카셀처 경보기 만들기

참고자료

다음은 알카셀처를 이용하여 'pop'의 속도를 측정하는 실험의 예이다. 각각의 경우를 'pop'의 속도에 영향을 주는 요인을 고려하고 탐구과정을 예상 및 설계하고 탐구결과에 대한 해석을 한 것이다.

예 1) 20°C, 증류수

증류수의 부피를 다르게 한 실험

증류수의 양(mL)	POP까지의 시간
5	10초 85
10	11초 00
15	13초 47

이 단계는 도움 중지 단계에 해당한다. 그러므로 교사가 실험 활동에 특별히 관여하지 않고 학습자가 스스로 문제 해결을 위한 실험설계를 할 수 있도록 한다. 그러므로 반응하는 물의 양이라든가 알카셀처의 양을 통제하지 않고 물과 알카셀처가 반응하여 기체가 발생함에 따라 필름통 내부의 압력이 증가하여 'pop(펑)'한다는 것을 경험할 수 있도록 한다.

학생들이 정해진 시간에 'pop'이 일어날 수 있도록 구성하기 위해서는 반응 속도에 영향을 미치는 요인을 찾아내고 변인 통제를 해야 하므로 다양하게 여러 번의 실험을 해볼 수 있도록 한다.

이 과정은 교수적도움의 중지에 해당하므로 주어진 과제를 통해 스스로 문제를 발견하고 이를 해결하는 경험을 할 수 있도록 하는 것이 중요하다. 그러므로 학습자는 스스로 과제를 선택하고 그 과제를 수행함에 있어 물리적인

증류수의 양	POP까지의 시간
20	10초 89
25	9초 23

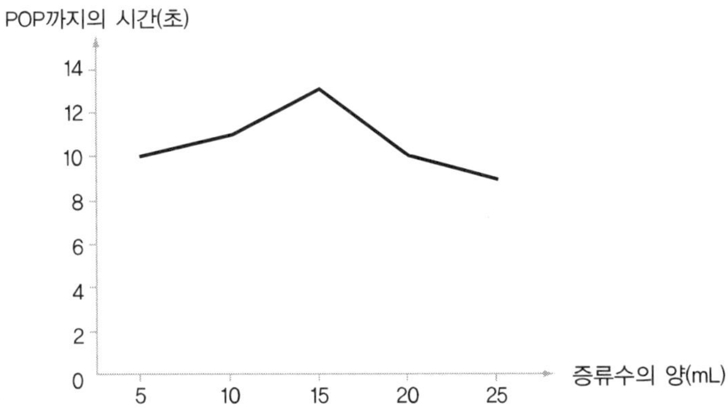

- 일반적으로 증류수의 부피가 증가할수록 필름통 속의 공간이 줄어들기 때문에 POP까지의 시간이 점차적으로 짧아질 것이라고 예상한다. 하지만 실험결과는 예상과는 다르게 15mL 이전까지 반응시간이 느려지다가 15mL 이후부터 다시 빨라지는 경향을 보이는 경우이다. 이런 경우 다음과 같은 해석이 가능하다.

$$\text{반응 속도} = \frac{\text{반응물질의 농도 감소량}}{\text{반응시간}} = \frac{\text{생성물질의 농도 증가량}}{\text{반응시간}}$$

반응 속도는 위의 식과 같이 나타낼 수 있는데, 15mL 이전까지 반응시간이 늘어나는 이유를 반응물질의 농도 감소와 연관하여 생각할 수 있다. 증류수의 양이 늘어날수록 반응물인 $NaHCO_3$의 농도는 줄어들고, 15mL까지는 이러한 반응 물의 농도 감소가 증류수의 증가로 인해 필름통 속의 공간이 줄어드는 것에 비하여 더 크게 반응 속도에 영향을 주게 된다. 반대로 15mL 이후부터는 증류수 부피의 증가로 인한 필름통 안의 공간 감소가 반응 물질 농도 감소보다 더 크게 작용했을 것이라고 추리할 수 있다.

예 2) 온도를 달리하는 실험(5mL, 증류수)

온 도(°C)	POP까지의 시간
10	17초 50
20	10초 85

변인과 화학적인 변인이 'pop'의 속도에 영향을 준다는 것을 알게 된다. 필름통 종류에 따른 필름통 뚜껑의 조임 정도, 뚜껑을 닫는 방법, 필름통을 지지하는 방법, 시간을 측정하는 방법 등의 과제 수행 시 제기되는 물리적인 변인과 알카셀처의 양, 반응하는 알카셀처의 표면적 크기, 온도, pH, 필름통 속의 물의 양 등의 화학적 변인을 찾아내야 한다. 이러한 변인들을 적절히 고려하여 30초에 'pop'이 일어나면 과제 수행, 즉 문제가 해결되어 종결되는 것이다. 또는 필름통 뚜껑이 시간적 차이를 두고 연속적으로 'pop'하는 경보기를 만들어도 된다.

1과제 또는 2과제 중 1가지를 선택하여 수행하거나 2가지를 모두 해결해도 된다. 이 실험을 통해 반응 속도에 영향을 주는 요인을 찾고 이를 적절히 조절함으로 화학반응을 의도적으로 조절할 수 있다는 것을 경험하는 계기가 될 것이다. 또한 탐구의 과정이 놀이처럼 즐거움이 되도록 분위기가 조성되고 다양한 'pop'의 아이디어가 제시될 수 있도록 학생들 사이의 상호 작용이 일어나도록 한다면 과학적 태도의 함양에 도움이 될 것이다.

온 도(°C)	POP까지의 시간
30	8초 53
40	5초 32
50	4초 47
60	3초 23
100	1초 24

- 온도가 높을수록 활성화 에너지(반응을 일으키는 데 필요한 최소한의 에너지) 이상의 에너지를 가지는 입자들이 더 많아지게 되므로 반응시간이 더 짧아지는 경향을 보인다.

예 3) **pH를 달리하는 실험**(20°C, 5mL)

용 액	'POP'까지의 시간
증류수	10초 85
0.1M HCl	8초 86
0.1M NaOH	11초 29

- H^+의 농도가 높아질수록 POP까지의 시간이 줄어들었는데, HCl의 경우에는 강산이므로 H^+의 농도가 증가하고, NaOH를 넣으면 중화 반응이 일어나 알카셀처에 있던 약산의 H^+농도를 감소시키기 때문이다.

예 4) **표면적을 달리하는 실험**(5mL, **증류수**)

등 분	POP까지의 시간
1등분	10초 85
2등분	9초 34
4등분	8초 45
가루(살짝 흔듦)	7초 69

- 알카셀처의 표면적이 클수록 반응 속도가 빨라진다. 반응은 유효 충돌 수가 많을수록 잘 일어나고 빠르게 진행된다. 표면적을 늘려주면 반응에 참여할 수 있는 기회가 많아지게 되기 때문이다.

가루 상태의 알카셀처를 필름통에 넣고 뚜껑을 닫아 반응시키면 가루가 가벼워서 일부는 물 위에 떠있게 된다. 또 먼저 반응한 가루 상태의 알카셀처로 실험을 할 때는 필름통을 살짝 흔들어준다.

해결상황모색

7. 'pop'의 속도에 영향을 주는 요인을 고려하여 일정한 시간에 'pop'이 일어날 수 있도록 실험을 설계한다.

- 알카셀처의 개수(즉, 농도)
- 물의 양
- 온도
- pH
- 필름통과 뚜껑의 여부
- 실험자의 실험 오차 등

알카셀처와 물이 반응할 때 용매 안에서 반응이 진행되므로 충분한 양의 물이 필요하다. 그러나 물의 양이 증가할수록 발생한 이산화탄소가 차지하는 공간이 증가하므로 'pop'의 시간이 더 단축된다. 따라서 이 실험을 진행함에 있어 반응 속도에 대한 이해와 함께 반응 속도에 영향을 주는 여러 가지 변인들에 대한 고려를 신중히 해야함을 상기시킬 필요가 있다.

해결활동 및 결과분석

8. 정해진 시간에 'pop'이 일어나는 조건을 찾고 재현할 수 있도록 한다.

9. 자신의 해결방법과 친구들의 해결방법을 발표해보자. 누구의 해결방법이 가장 매력적인가? 그 이유는?

빠르게 또는 느리게 진행되는 화학 반응에서 과학자들이 화학 반응에 영향을 주는 다양한 변인들을 찾아내고, 이를 적절히 통제함으로써 반응 속도를 조절하는 것은 화학 반응의 공정에서 매우 중요함을 인식한다.

09 ABO식 혈액형의 수혈관계를 활용한 범인 찾기

수업모델 **문제해결형 – 도움중지**

이 수업은 과학자의 연구 형태 중 문제해결형으로 진행된다. 란트슈타이너의 혈액형의 발견과정을 이해하고, 수혈 과정을 이해하여 범죄 현장에서 발견된 혈흔을 가지고 범인을 유추하는 것이 이 수업의 목적이다. 문제해결형의 연구과정에서 본 모듈은 문제해결 과정이 빠져있다.

『문제해결형의 수업과정』

예상하기 → 탐색하기 → 활동 → 결과분석 → 문제상황발견 → 해결상황모색

↑ (문제해결안됨) ↓

문제해결 ← 결과분석 ← 문제해결활동

수업개요

이번 수업은 란트슈타이너의 ABO식 혈액형의 연구과정을 통해서 밝혀진 응집원 A, B에 대한 내용과 란트슈타이너가 이 응집원이 아마도 당성분일 것이라고 추측하여 밝힌 과정을 통해서 항원의 종류와 항체의 종류를 이해하고 혈액형을 나눈 기준이 적혈구 표면에 존재하는 응집원에 따라 나누어진 것을 이해하게 하는 것이다. 그리고 표준혈청을 통해서 자신의 혈액형을 판정하고 자신의 응집원(항원)과 응집소(항체)를 설명하게 한다. 그리고 범죄 현장에서 발견된 혈흔을 통해 범죄 현장에 있던 4명의 용의자 중에서 범인을 찾아내는 과정을 수혈과정을 이용해서 밝혀내는 것이 이 수업의 목표이다.

수업안내

- 수업 대상 : 고등학생 이상
- 예상 소요시간 : 2시간
- 수업 준비물 : 채혈용 바늘(란셋), 탈지면, 슬라이드 글라스, 핀셋, 1회용 밴드, 이쑤시개, 소독용 알코올(75%), 항 A, B혈청

학습목표

1. 혈액형을 구분하는 기준을 이해하고 혈액형을 판정할 수 있다.
2. 수혈 관계를 이해하여 범죄 현장에 있던 범인을 유추할 수 있다.
3. 혈액형 발견 과정을 이해하고 란트슈타이너의 사고과정을 경험한다.

예상하기

1. 어떤 병원에서 환자에게 혈액형이 다른 피를 수혈해 말썽을 빚었다. 빈혈 등의 증상을 보여 네 차례 수혈을 받았으나 병원 측의 실수로 O형인 J씨에게 AB형을 한 차례 수혈했다.
J씨의 몸에서는 어떠한 현상이 일어났을지 예상해보자.

- 심한 용혈, 급성 신부전증, 쇼크, 고열, 사망 등

심한 용혈 반응이 나타날 것이다. 이것은 급성으로 일어날 수도 있고, 주입을 받은 지 며칠 뒤에 천천히 일어날 수도 있는 위험한 면역 반응이다. 그 결과 급성(신)부전, 쇼크, 혈관 내 응고, 심지어 사망이 초래될 수도 있다.

탐색하기

2. 다음은 ABO식 혈액형을 발견한 과정이다.

란트슈타이너(Landsteiner)는 1901년 적혈구 응집 현상을 항원과 항체 반응으로 본 후 그 자신과 연구소 동료의 피를 뽑아 각 피에서 적혈구와 혈청을 분리한 다음 서로 섞어 다음과 같은 결과를 내었다.

(가) / (나)	Dr.St.	Dr.Plech	Dr.Sturl.	Dr.Erdh	Zar.	Landst
Dr.St.	−	+	+	+	+	−
Dr.Plech	−	−	+	+	−	−
Dr.Sturl.	−	+	−	−	+	−
Dr.Erdh	−	+	−	−	+	−
Zar.	−	−	+	+	−	−
Landst	−	+	+	+	+	−

(단, +는 응집, −는 응집 안됨)

그는 항원과 항체의 관계에서 접근할 때 Dr.Sturl. 적혈구의 항원에 대해 Dr.Plech 혈청의 항체가 공격 혹은 반응했다고 보았다. 역으로 Dr.Plech 적혈구의 항원에 대해 Dr.Sturl.혈청의 항체가 공격 혹은 반응했다고 보았다. 란트슈타이너는 각각의 항원을 A와 B로 명명했다. 적혈

수혈할 때 같은 혈액형끼리 수혈하는 것이 원칙이며, 수혈의 부작용을 줄이기 위해서 '교차반응'을 통해서 응집 반응을 확인하고 수혈을 실시해야 한다.

(가)의 Landst의 혈액 성분은 다른 사람들의 혈액 성분과 반응하지 않았으므로 적혈구 성분이 되며, 표면에는 응집원이 존재하지 않는다는 것을 알 수 있으며, (나)의 Landst의 혈액 성분에는 반응한 사람들이 있으므로 혈청성분이 된다.

구 항원 A를 갖는 피의 혈청에는 안티-B(anti-B)의 항체가, 역으로 적혈구 항원 B를 갖는 피의 혈청에는 안티-A(anti-A)의 항체가 있다.

그러나 란트슈타이너 자신과 Dr.St.의 피는 A와 B 항원 모두를 결여한 채 안티-A와 안티-B 항체 둘 다 가지고 있었다. 란트슈타이너는 이러한 종류의 피를 C로 명명했는데 후에 O로 수정되었다.

적혈구 항원의 정체는 무엇인가? 란트슈타이너는 1902년 당성분의 물질과 항원 사이의 상관관계를 규명하는 데 성공했다. 란트슈타이너의 실험에 참가했던 Dr.Sturl.는 1902년 데카스텔로와 함께 155명을 대상으로 한 실험에서 또 다른 혈액형인 AB를 발견하게 된다. 이렇게 하여 A, B, O, AB로 구성된 ABO 혈액형 구분체계가 완성된 것이다.

란트슈타이너는 ABO식 혈액형 발견의 업적으로 1930년 노벨상을 수상하였다.

2-1. (가)와 (나)는 적혈구와 혈청 중에서 무엇인가?

- (가)는 적혈구, (나)는 혈청

2-2. 자신의 적혈구와 자신의 혈청을 섞었을 때 응집 반응이 나타나지 않은 이유는 무엇인가?

- 자신의 적혈구 표면에 존재하는 응집원에 대해서는 면역계에서 항체를 생성하지 않기 때문이다.

2-3. 란트슈타이너의 혈액형은 무엇인가?

- 적혈구 표면에 응집원이 존재하지 않으므로 O형이다.

2-4. 적혈구 표면에 존재하는 항원 A와 B의 성분은 무엇인가?

- 당성분이다.

2-5. 앞의 글을 읽고 아래의 빈칸을 채워보자.

혈액형의 종류	적혈구 표면 물질	혈청 속의 항체
A형		

혈액형의 종류	적혈구 표면 물질	혈청 속의 항체
B형		
AB형		
O형		

2-6. 현재 우리가 ABO식 혈액형을 판정하기 위해 떨어뜨리는 성분은 무엇인가?

- 응집소로 안티-A, 안티-B 성분을 떨어뜨려서 적혈구 표면의 응집원을 확인한다.

활 동

3. 다음과 같이 혈액형을 판정하는 실험을 통해 자신의 혈액형을 판정해보자.

[준비물]

채혈용 바늘(란셋), 탈지면, 슬라이드 글라스, 핀셋, 1회용 밴드, 이쑤시개, 소독용 알코올(75%), 항 A, B혈청

[실험과정]

① 슬라이드 글라스에 표준 혈청 A와 B를 한 방울씩 떨어뜨리자.

② 새끼손가락 끝을 소독하고 채혈 핀으로 찔러서 흘러나온 혈액 한 방울씩을 표준 혈청에 떨어뜨리고 이쑤시개로 섞어 주자.

③ 육안으로 관찰한 후 혈액형을 판정한다.

유의사항

1. 채혈용 바늘은 반드시 1회용을 사용한다.
2. 혈액의 양에 비하여 항혈청이 지나치게 많으면 응집이 잘 일어나지 않는다.
3. 혈액과 혈청이 서로 다른 혈청과 섞이지 않게 이쑤시개를 사용한다.

결과분석

4. 혈액형 판정 결과를 아래 표에 기록해보고 적혈구 표면 물질을 적어보자.

혈청의 종류	결 과	적혈구 표면 물질
표준 혈청 A		
표준 혈청 B		

4-1. 실험결과를 바탕으로 자신의 혈액형은 무엇인가?

4-2. 자신의 적혈구 표면 물질과 혈청에 들어 있는 항체는 무엇인가?

문제상황발견

5. 다음은 사건 현장에 있던 4명의 용의자에 대한 자료이다.

어떤 사건 현장에서 발견된 범인의 혈흔을 조사해보았더니 B형 표준 혈청에만 응집되었다. 그런데 용의자로 지목된 사람은 갑, 을, 병, 정 네 사람이었다. 한편, 갑과 을은 서로 수혈을 할 수 없으며 갑과 을은 정에게만 수혈할 수 있다. 그러나 병은 갑, 을, 정 모두에게 수혈할 수 있으며 정은 어느 누구에게도 수혈할 수가 없다. 그런데 갑은 A형 표준 혈청에만 응집되었다. 범인은 누구인가?

란트슈타이너의 ABO식 혈액형 구분법은 수혈보다는 범죄학에 먼저 사용되었다. 란트슈타이너는 2주 이내의 피가 항원-항체 반응을 통해 혈액형의 구분이 가능함을 실험적으로 규명했다.

해결방안모색

5-1. 위의 경우 범인을 찾기 위해서 무엇을 알아야 할까?

- 네 명의 혈액형을 알아야 한다.

문제해결활동

5-2. 위의 갑, 을, 병, 정 네 사람의 수혈도를 그림으로 그려 보자.

수혈도

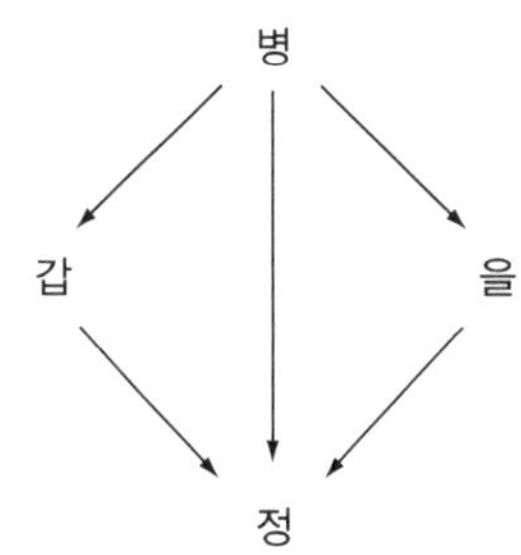

결과분석

6. 사건 현장에 있었던 범인은 누구인가? 그렇게 판단한 근거는 무엇인가?

- 범인은 B형 표준 혈청에만 응집하였으므로 A형이다. 문제에서 제시한 내용을 근거로 갑, 을, 병, 정 네 사람의 혈액형을 분석해보면, 갑과 을은 서로 수혈할 수 없기 때문에 A형과 B형 또는 B형과 A형이다. 그런데 갑은 A형 표준 혈청에만 응집하였기 때문에 B형이므로 자연히 을은 A형이 된다. 정은 갑과 을에게 수혈받을 수 있기 때문에 AB형이고, 병은 갑, 을, 정 모두에게 수혈할 수 있으므로 O형이다. 따라서 위와 같은 결과에 의해 범인은 을이다.

Chapter 3

모델제시형 모듈

01 원자 모형

수업모델 **모델제시형 – 시범보이기**

이 수업은 과학자의 연구형태 중 모델제시형에 해당한다. 수업과정은 원자가 어떠한 형태로 존재하는지 모형을 제안하고 실험을 통해 제안된 모형의 문제점을 발견한 후, 이를 해결하기 위해 새로운 모형을 제안하고 형성해 가도록 진행된다. 이 모듈은 수정하기 단계가 명시적으로 제시되고 있지 않으며 모델수정*의 새로운 단계가 추가되어 있다.

『모델제시형의 수업과정』

탐색하기 → 임시모델제안 → 검증하기 → 모델형성 → 적용하기 → 모델수정*

검증하기 ↓ 수정하기 → 임시모델제안 (되돌아감)

모델수정* ↓ 모델통합

수업개요

돌턴이 생각한 원자의 모습은 더 이상 쪼갤 수 없는 당구공 같은 모양이었다. 이후 많은 과학자들의 실험을 통해 돌턴이 생각했던 원자의 모형은 상당수 틀렸다는 것이 증명되었다. 그러나 물질의 기본 요소가 원자라는 생각 자체가 달라진 것은 아니다. 돌턴이 제안했던 당구공 원자설은 이후 톰슨, 러더퍼드, 보어의 모형을 거치며 원래의 모습에 조금씩 수정을 가해, 현재와 같은 원자 모형을 이끌어내기에 이른다. 마치 거칠게 스케치를 한 뒤, 점점 세부적인 묘사를 더해 완성되는 한 폭의 그림처럼, 원자의 모양 역시 축적된 지식과 실험의 결과로 인해 조금씩 변화되었다. 이 수업에서는 러더퍼드 산란 실험을 제시하고, 원자 모형에 대한 학생들의 생각을 유도한 후, 다시 문제점을 발견하고, 새로운 원자 모형을 제시하며 검증하는 과정으로 이루어져 있다. 각각의 단계를 통해 학생들은 과학자의 사고과정을 배우게 될 것이다. 이 수업은 모델링 수업이므로, 학생들에게 각각의 단계에 대한 설명을 해주고, 필요하다면 그 단계에서 수행해야 하는 일들을 부가적으로 제시해 주는 것이 바람직하다.

수업안내

- 수업 대상 : 고등학생 이상
- 예상 소요시간 : 2시간

학습목표

1. 실험결과를 바탕으로 원자의 모형을 만들고, 검증 및 적용할 수 있다.
2. 원자 모형을 만드는 과정을 통해 과학자의 연구형태와 사고과정을 학습한다.

탐색하기

🅢 글을 읽으면 지루해하기 쉬우므로 적절한 교수적도움이 필요하다.

1. 다음은 러더퍼드의 실험에 대한 설명이다.

러더퍼드는 알파입자를 방출하는 물질을 조그만 구멍이 뚫린 납판 뒤에 놓아 가느다란 알파 입자선이 만들어지도록 하였다. 알파입자선은 금으로 된 얇은 막에 부딪히게 되어 있으며 투과 후 알파입자가 닿으면 가시광선을 방출하는 황화아연으로 된 스크린 막에 도달하게 하였다. 실험결과 대부분의 알파입자들의 경로가 크게 휘어지지 않고 금박을 통과 했으며, 일부는 매우 큰 각도로 산란되었다.

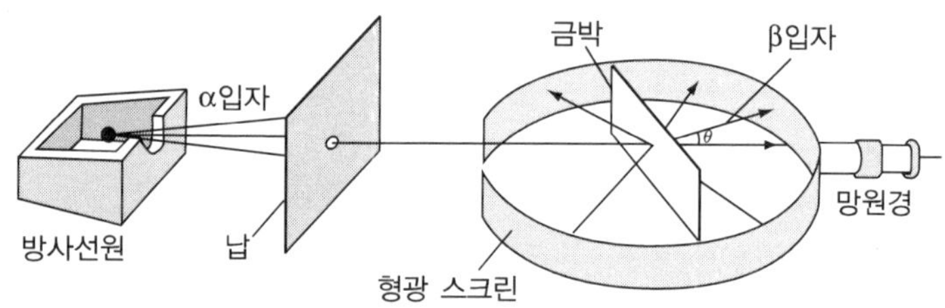

🅢 **톰슨 모형에 대한 부가적 설명**
톰슨은 실험을 통해, 원자는 전기적으로 중성이기 때문에 전자의 음전하량과 같은 양전하량이 공 모양을 이루고 있는 원자 전체에 고르게 분포되어 있다고 생각하였다.

1-1. 전하가 원자 부피의 전체에 걸쳐 균일하게 분포되어 있다는 톰슨 모형을 근거로 하면 어떤 결과가 예상되는가?

- 전하는 같은 +/+이면 서로 밀어내므로, 알파입자가 원자의 양전하를 띤 부분을 통과하면 알파입자의 경로가 휠 것이라고 예상하여, 알파입자의 휜 정도를 계산하면 원자 속에서 양전하를 띤 부분이 차지하는 비율을 알 수 있을 것이라 생각했을 것이다.

🅢 수박모델 : 씨(전자),
속(양전하)

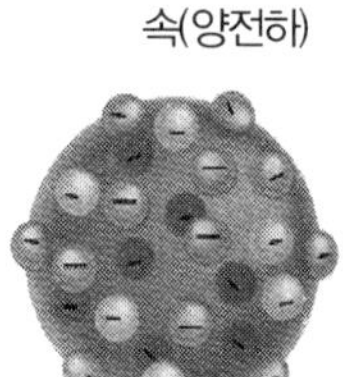

1-2. 실험결과는 무엇을 의미하는가?

- 원자 안으로 쏘아 보낸 알파입자가 대부분 통과했다는 실험결과는 원자의 내부가 텅 비어 있다는 것을 의미한다.
- 아주 극소수의 입자가 휘거나 튕겨 나오는 현상은 양전하가 원자의 모든 질량을 갖고 아주 작은 부피에 밀집되어 있다는 것을 의미한다.

임시모델제안

2. 앞서 살펴본 실험결과에 의한 원자 모형을 생각해보자.

거의 모든 질량이 집중되어 있는 양전하를 띤 원자핵과 매우 먼 거리에 원자를 전기적 중성으로 만드는 충분한 개수의 전자가 태양계와 같은 원운동을 한다. (전자들이 양전하를 띤 원자핵으로 끌려가지 않으려면 전기력이 구심력이 되는 원운동이 필요하다.)

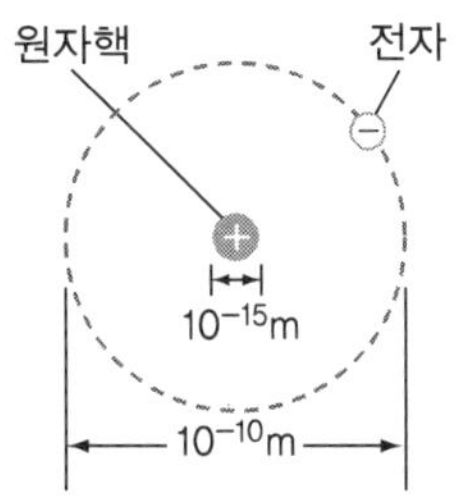

[리더퍼드의 원자 모형]

이 실험결과를 바탕으로 학생들과 같은 모형을 생각한 사람이 러더퍼드임을 알려준다.

실험결과를 본 러더퍼드의 생각

혹시, 원자의 대부분은 텅 빈 공간이 아닐까? 태양은 강력한 힘으로 지구를 끌어당겨 공전을 하게 하지만, 태양과 지구 사이의 엄청난 공간은 텅 비어 있는 것처럼 원자도 마치 태양처럼 중심에 모여 있는 것은 아닐까?

검증하기

3. 제안한 원자의 임시 모형이 갖는 장점을 찾아보자.

- α입자 산란실험으로 원자핵의 존재를 실험적으로 규명하였으며, 원자핵이 원자의 질량 대부분을 차지하고 전기적으로 양전하를 가지고 있음을 설명한다.

4. 원자의 임시 모형으로 설명할 수 없는 현상을 찾아보고, 모형에 어떠한 문제가 있는지 찾아보자.

- 전자가 가속도를 가지고 운동하면 전자기파를 방출하며 에너지를

전자 가속에 의한 문제점

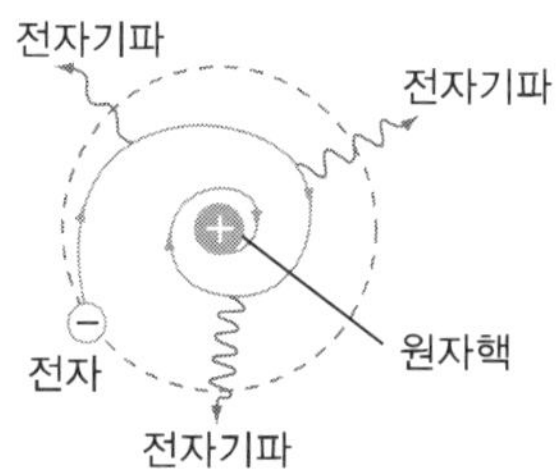

현상을 찾는 것에 학생들이 어려움을 느낀다면 단계적으로 답을 제시한다. 임시 모형에서는 전자 궤도 반지름은 연속적으로 줄어들게 되므로 전자기파로 방출되는 에너지 역시 연속적으로 방출되기 때문에 방출되는 빛은 연속 스펙트럼의 형태를 가져야만 한다. 그러나 실험으로 관측되는 원자의 스펙트럼은 불연속적이며 특정한 값을 갖는 선 스펙트럼의 형태를 띠고 있다.

상실하여 결국 원자핵과 합쳐져야 하는데, 실제로 이러한 현상은 일어나지 않는다.

- 원운동하는 전자는(가속운동) 전자기파를 방출하므로 에너지가 감소되며, 궤도 반지름이 작아지고 결국 전자는 원자핵에 흡수되어야 한다. 이론적으로 전자가 원자핵에 흡수되는 시간은 매우 짧으므로 안정한 원자는 존재할 수 없게 되는 문제점을 가지고 있다.
- 수소 원자는 불연속적인 선 스펙트럼을 방출한다.
- 전자가 에너지를 방출하면 회전 속도가 점점 감소하고, 이때 전자의 회전운동 에너지가 연속적으로 감소하므로 원자들에 의해 방출되는 복사 에너지의 스펙트럼은 연속 스펙트럼이어야 한다.

새로운 임시모델제안

5. 발견된 임시 모형의 문제점을 바탕으로 이것을 해결할 수 있는 새로운 원자의 임시 모형을 만들어보자.

5-1. 문제점을 해결하기 위해서는 어떠한 가정들이 필요한가?

수소 원자 스펙트럼
기체를 높은 온도로 가열하거나 기체가 들어있는 방전관을 방전시키면 기체마다 특유한 고유의 빛을 낸다. 이를 프리즘을 통해 분산시키면 여러 가지 파장의 빛으로 분산된 선 스펙트럼이 나타난다.

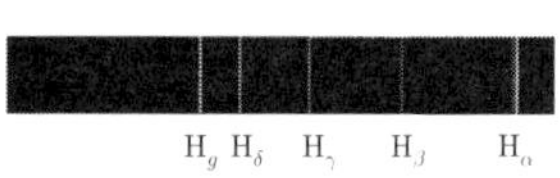

① 원자 내에 전자는 어떤 특정한 조건을 만족하는 원 궤도에서만 안정된 운동을 하며, 이 궤도를 운동하는 전자는 전자기파를 발생하지 않고 안정된 상태를 유지한다. 그 특정한 상태는 정상파에서 에너지가 마디와 마디 사이에 고여 있듯이, 전자의 에너지도 궤도 안에 고여 있게 된다.

② 전자는 한 궤도에서 다른 궤도로 순간적으로 옮길 수 있으며, 두 궤도의 에너지 차이와 같은 에너지를 가진 광자 한 개가 방출되거나 흡수된다.

5-2. 세운 가정을 바탕으로 원자 모형을 만들어보자.

전자가 특정한 조건을 만족하는 궤도에 있을 때 전자의 물질파는 정상파를 이루게 되어 시간적으로 변하지 않는 파동을 만든다. 수소 원자($z=1$)의 경우에는 $k\dfrac{e^2}{gr^2}=m\dfrac{v^2}{r}$인 관계가 성립하므로, 궤도 반지름 r은 $r=\dfrac{ke^2}{m}\cdot\dfrac{1}{v^2}$과 같이 나타낸다.

전자의 운동 궤도인 원둘레 $2\pi r$을 따라 물질파가 정상파를 형성하기 위해서는 물질파의 파장이 $\lambda=\dfrac{h}{mv}$이므로 다음과 같이 나타낼 수 있다.

$$2\pi r=n\lambda=n\left(\frac{h}{mv}\right)\quad n=1,\ 2,\ 3\cdots\ \text{정수}$$

이것이 안정된 상태로 전자가 가속도 운동을 하면서도 전자기파를 방출되지 않는 정상파 상태이다. 이때는 에너지가 변화하지 않으며, 정수 n을 그 궤도의 양자수라고 한다. 양자수가 n인 궤도 반지름으로 표시하면 위의 두 식으로 부터 다음과 같은 식을 얻을 수 있다.

$$r_n=n^2\frac{h^2}{4\pi^2kme^2}$$

이 식을 $r_n=n^2a_0$로 표현하면, $a_0=\dfrac{h^2}{4\pi^2kme^2}$의 값을 가지게 된다.

$$\begin{aligned}a_0&=\frac{h^2}{4\pi^2kme^2}\\&=\frac{(6.6\times10^{-34})^2}{4\pi^2\times(9.1\times10^{-31})\times(1.6\times10^{-19})^2}\\&=5.3\times10^{-11}(\mathrm{m})\end{aligned}$$

두 번째 가능한 궤도 반지름은 $(5.3\times10^{-11})\times2^2(\mathrm{m})$가 되며, 그 사이값은 존재하지 않는다.

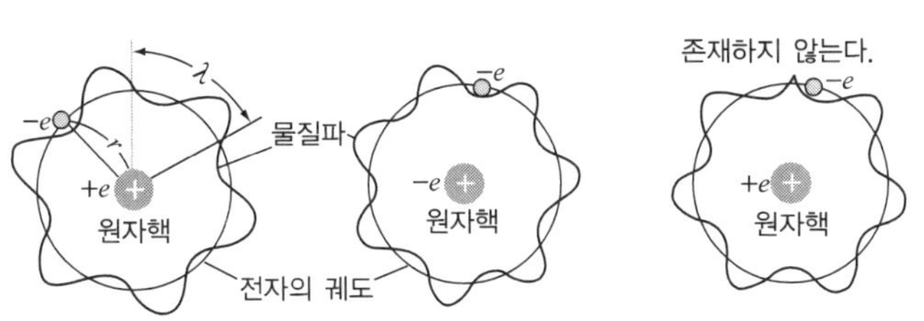

(a) $2\pi r=6\lambda$일 때 (b) $2\pi r=7\lambda$일 때 (c) $2\pi r=6.5\lambda$일 때

[물질파 이론에 의한 전자 궤도]

실제로 보어는 러더퍼드의 원자 모형에 물질파의 개념을 도입하여 새로운 원자 모형을 제시하여 설명하였다는 것을 알려주어 학생들이 보어 모형을 직접 설계할 수 있도록 유도한다. 두 실험의 유사성을 찾고, 유사한 것으로부터 문제의 답을 추론할 수 있도록 한다.

보어의 원자 모형

양자 조건

$2\pi r=\dfrac{nh}{mv}$

(n: 양자수, r: 궤도 반지름, h : 플랑크 상수)

진동수 조건

$E_n-E_m=hc=h\dfrac{c}{\lambda}$

(E_n, E_m : 에너지 준위)

그러므로 임의의 값에 대해서는, $r_n = n^2 a_0 = (5.3 \times 10^{-11}) \times n^2$으로 나타낼 수 있으며 궤도 반지름은 n^2에 비례하여 커지는 것이다.

전자의 궤도 반지름이 양자수 n에 따라 결정되는 특정한 값만이 허용된다면 러더퍼드 모형에서의 에너지도 궤도 반지름에 대응하는 특정한 값만이 허용된다.

$E = E_k + E_p = -\frac{1}{2}\frac{ke^2}{r}$와 $r_n = n^2 \frac{h^2}{4\pi^2 kme^2}$을 이용하면

$$E_n = 1\left(\frac{2\pi^2 k^2 me^4}{h^2}\right)\frac{1}{n^2}$$

이고, 각 상수를 대입하면

$$E_n = -13.6\frac{1}{n^2}(\text{eV})$$

가 된다.

위의 경우와 같이 양자수 n에 따라 에너지는 불연속적인 값을 가진다.

$n=1$인 경우가 가장 낮은 에너지를 갖는 경우이고, n이 커질수록 에너지 값이 불연속적으로 증가한다. 에너지가 높은 상태에서 낮은 상태로 가면 그 에너지 차이만큼 에너지를 방출하게 된다.

에너지가 높은 곳(E_m)에서 낮은 곳(E_n)으로 전자가 이동한다고 한다면, $H_\nu = E_m - E_n$인 관계가 성립한다. $\lambda = c/\nu$인 관계에 있으므로

$$\begin{aligned}\frac{1}{\lambda} &= \frac{E_n - E_m}{hc} \\ &= \frac{1}{hc}\left(\frac{2\pi^2 k^2 me^4}{h^2}\right)\left(\frac{1}{m^2} - \frac{1}{n^2}\right) \\ &= \frac{13.6}{hc}\left(\frac{1}{m^2} - \frac{1}{n^2}\right)\text{이다.}\end{aligned}$$

① 전자가 선택된 궤도를 회전할 때에는 전자기파를 방출하지 않는다.

② 전자가 한 정상 상태의 궤도에서 다른 정상 상태의 궤도로 옮길 때에만 두 궤도의 에너지 차에 해당하는 에너지를 빛으로 방출 또는 흡수한다.

검증하기

6. 새로운 임시모델을 검증할 수 있는 방법을 생각해보자.

7. 실제로 보어가 제시한 모형은 다음 실험으로부터 검증되었다.

플랑크-헤르츠의 실험

그림에서와 같이 진공관 내에 수은 증기를 넣고 필라멘트를 가열시키면 음극 K에서 전자들이 방출되고 이 전자들이 그리드 G에 의하여 가속되도록 되어 있다. 또한 그리드 G와 양극 P에서는 V와 반대 방향의 제어 전압을 연결하여 K에서 방출된 전자가 P에 도달함으로써 나타나는 양극 전류를 측정하는 것이다.

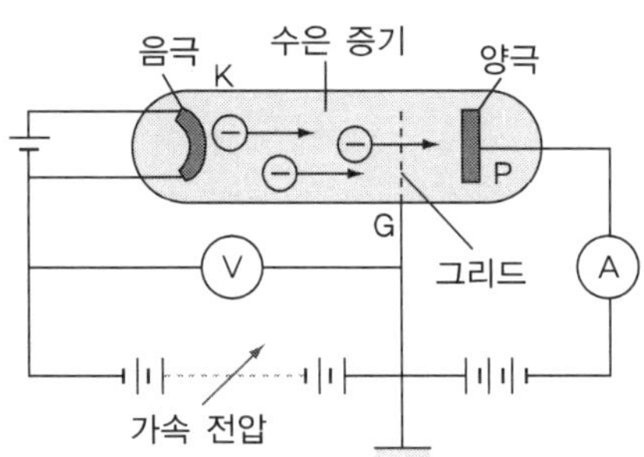

실험과정 : 위의 실험 장치에서 수은 증기가 들어 있는 진공관의 그리드 G의 가속 전압이 4.9V가 될 때까지는 전압이 증가함에 따라 양극 전류가 증가하다가 4.9V가 되면 갑자기 양극 전류도 감소하게 된다. 이러한 현상은 가속 전압을 계속해서 증가시키면 양극 전류도 또 다시 증가하다가 4.9V의 배수인 9.8V, 3배인 14.7V 등으로 될 때마다 양극 전류는 다시 현저하게 감소하는 주기성이 나타나게 된다.

실험결과 : 위의 실험결과는 다음 그림에 나타난 그래프와 같다. 그리고 이와 같이 고무의 가속 전압이 4.9V가 될 때 마다 전류가 현저히 감소하는 현상이 생기는 것은 그리드 전압이 4.9V보다 낮을 때에는 전자와 수은 원자의 충돌에서 전자가 에너지를 잃지 않고 양극으로 끌려가므로 그리드 전압이 증가함에 따라 양극 전류도 증가하게 된다. 그러나 전압이 4.9V가 되면 전자의 에너지는 4.9eV가 되며 이때 수은 원자와 충돌할 때 수은 원자가 4.9eV의 에너지를 가진 전자를 흡수하게 되어 전자의 수는 급격히 감소하므로 양극 전류의 세기는 현저하게 떨어지게 되는 것이다.

> 보어의 원자 모형은 수소 원자에서와 같이 에너지가 양자화되어 있고, 에너지 준위는 불연속적으로 존재한다는 것을 나타내고 있다. 그러나 이와 같이 원자의 에너지 준위가 불연속적이라는 새로운 사실은 보어의 이론이 제안될 당시에는 이를 확인할 실험이 뒷받침되지 않았다는 것을 알려주고 이를 검증할 수 있는 실험을 생각해 볼 수 있도록 유도한다.

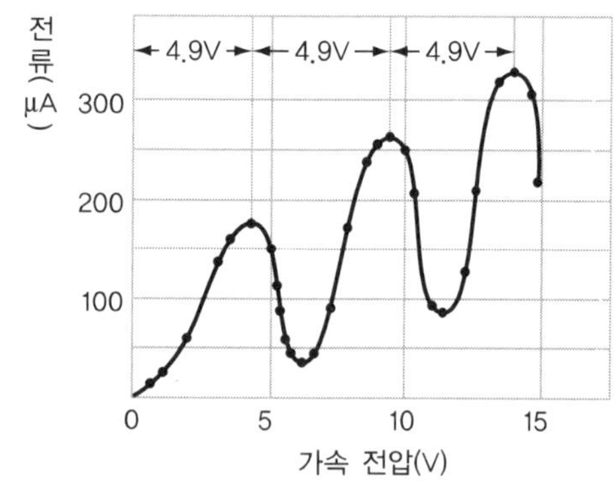

[플랑크-헤르츠 실험결과]

7-1. 이 실험과정과 결과를 보고 어떠한 해석을 할 수 있는가?

- 전자가 수은 원자에 흡수되는 것은 전자의 에너지가 4.9eV, 9.8eV, 14.7eV 등으로 될 때와 같이 전자의 에너지가 4.9eV의 정수배일 때마다 나타나는 것이라 볼 수 있다. 이렇게 하여 프랑크-헤르츠의 실험은 고전 물리 이론으로는 증명할 수 없었던 에너지 준위의 불연속성을 실증으로 보여 주게 되었고, 이로 인해 보어의 원자 모형 이론은 타당성을 갖게 되었다.

모델형성

8. 지금까지의 과정을 통해 형성된 원자의 모형을 정리해보자.

실험결과에 의한 모형을 만들고, 이 모형을 증명하기 위한 현상이 뒤따르며, 논리적인 현상 설명이 모형을 통해 이루어져야 하나의 모형으로 간주된다. 그러나 모형과 맞지 않는 새로운 현상에 의해, 기존의 모형을 수정하거나 폐기하는 것이 가능하다. 원자 모형은 시대가 발전함에 따라서 새로운 실험이 가능해졌고, 그 때마다 조금씩 수정과 보완을 거쳐 현재

적용하기

9. 지금까지 형성한 원자 모형은 빛의 스펙트럼을 효과적으로 설명할 수 있다.

특정 온도의 기체가 내는 빛은 기체의 종류에 따라 특정한 색 몇 개의 밝은 선으로 나타나며, 이러한 빛을 슬릿을 통하여 프리즘이나 회절격자를 통과시키면 여러 색깔의 빛이 띄엄띄엄 나타나는데 이런 스펙트럼을 선 스펙트럼이라고 한다.
아래 그림은 헬륨의 선 스펙트럼이다.

아래 사진은 수소 원자에서 나오는 가시광선 영역의 빛이다.

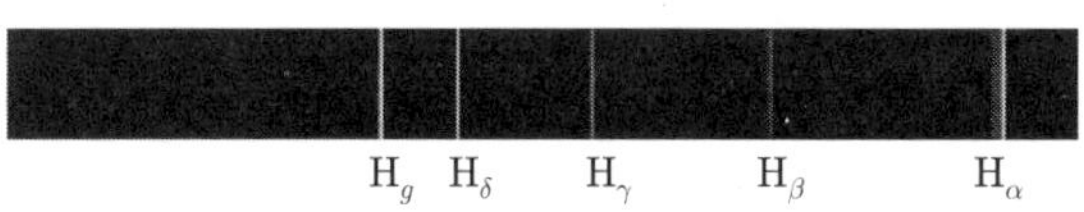

1885년 발머는 수소 원자의 스펙트럼을 관찰하고 선 스펙트럼의 파장을 조사하면 어떤 규칙성이 있을 것이라고 생각하였다.
발머는 이 파장 값들 사이의 관계를 조사하여 다음과 같이 수열로 표시될 수 있다는 것을 알아냈다.

$$\frac{1}{\lambda}=R\left(\frac{1}{2^2}-\frac{1}{n^2}\right)$$

수소 원자의 이 스펙트럼 계열을 발머 계열이라고 하며, 상수 R을 리드베리 상수라 하며, $R=1.097\times10^7$의 값을 갖는다.
이 식에 $n=3, 4, 5, \dots$를 차례로 대입하여 계산하면 그 값이 실험값과 일치하는 것을 확인하였다.
그 후, 수소 원자 스펙트럼의 다른 계열들이 발견되었고, 이들도 모두 다음과 같은 일반식을 얻을 수 있었다.

$$\frac{1}{\lambda}=R\left(\frac{1}{m^2}-\frac{1}{n^2}\right)\ (m,\ n\text{은 정수}),\ (m>n)$$

의 원자 모형이 만들어졌다. 지금의 원자 모형은 우리가 실험할 수 있고, 인식할 수 있는 수준에서만 바른 것일 뿐, 앞으로 우리의 시야가 더 확장되고 새로운 실험이 가능해져 새로운 결과가 또 발견 된다면 얼마든지 바뀔 수 있다는 것을 알려주어야 한다.

교사의 부가적 설명

스펙트럼은 전자기파가 파장 또는 진동수에 따라 나누어져 나타나는 현상이다.
태양 광선이나 고온의 고체가 내는 빛에는 파장의 영역이 여러 가지인 빛들이 섞여 있어 스펙트럼의 색이 연속적으로 나타나는데, 이를 연속 스펙트럼이라고 한다.
선 스펙트럼의 파장들과 밝기 등은 각 원소의 고유한 값을 나타내므로 물질의 성분 분석에 이용하기도 한다.

9-1. 기체 원자가 종류에 따라 특정한 선 스펙트럼을 나타낸다는 것은 무엇을 의미하는가?

- 원자의 종류에 따라 특정한 에너지만을 특정 진동수 또는 특정 파장을 가진 빛으로 내보낸다는 것을 의미한다.

$R=\frac{1}{hc}\left(\frac{2\pi^2k^2me^4}{h^2}\right)$

이 값은 실험으로 구한 리드베리 상수와 일치한다는 점을 알려주어 수소 원자의 스펙트럼은 보어의 원자 모형으로 설명이 가능하다는 것을 알려준다.

9-2. 보어의 원자 모형으로 선 스펙트럼을 설명해보자. 리드베리 상수를 보어 원자 모형에서 이론적으로 설명해보자.

- 보어의 원자 모형에 의하면 에너지 준위 $n1$에 있던 전자가 이보다 낮은 에너지 준위 $n2$로 전이하면서 그 에너지 차이만큼을 전자기파의 형태인 빛으로 방출을 하는 것이라고 설명할 수 있다. 따라서 리드베리 상수는 보어 원자 모형에서 이론적으로 다음과 같이 나타낼 수 있다.

$$R=\frac{1}{hc}\left(\frac{2\pi^2k^2me^4}{h^2}\right)$$

모델수정

10. 위의 모델이 가지는 문제점에 대해 생각해보자.

- 전자수가 많아지면 원자에서 나오는 스펙트럼을 설명할 수 없어지며, 전자 하나 하나의 궤도를 보어의 방법으로는 계산할 수 없다.
- 가속 운동하는 전하에 의하여 전자기파가 발생한다는 전자기이론이 어떻게 원자 내부에서 가속 운동을 하는 전자가 정상 상태에서 전자기파를 방출하지 않는가에 대해서 그 이유를 설명하지 못한다.
- 전자를 드브로이의 물질파로 생각해보면, 전자의 위치는 물질파의 파면에서 어느 순간에 어느 지점에 있는지를 알 수 없게 되기 때문에 전자는 보어가 주장하듯 특정한 궤도에서 원운동을 하고 있다고 볼 수 없다.

모델통합

11. 지금까지 설명했던 원자 모형이 갖는 문제점을 해결한 새로운 모형이 바로 현대 원자 모형이다. 설명을 듣고 어떤 방법으로 문제를 해결했는지 살펴보자.

참고자료를 이용하여 현대 원자 모형에 대해 설명한다.

참고자료

현대의 원자 모형

현대의 원자 모형은 원자들이 나타내는 물리·화학적 성질을 설명하기 위해, 전자를 파동으로 간주하여 파동 방정식을 꾸미고 이로부터 얻은 파동 함수로 나타낸 원자 모형이다. 허용되는 파동 함수는 여러 가지가 얻어지는데 그 특징은 양자수에 의해 결정된다. 양자수는 파동 함수의 에너지, 공간 모양 등을 결정하고, 파동 함수의 제곱(Ψ^2)은 임의의 공간에서 전자를 발견할 확률을 나타내지만 전자파(electron wave)의 위치는 정확하게 나타낼 수 없다.

많은 과학자들이 원자가 나타내는 성질을 설명하기 위해 원자 모형을 제시하였다. 돌턴, 반트호프, 랭뮤어, 톰슨 등이 제안한 원자 모형은 전자가 움직이지 않는 상태로 분포하고 있다는 가정을 했다는 점에서 근본적으로 잘못된 것이다. 그리고 움직이는 전자를 가정하여 동력학적인 모형을 제시한 보어의 모형도, 수소 원자의 스펙트럼은 거의 완전하게 설명할 수 있었으나, 전자의 위치와 속도를 확정적으로 결정할 수 있다고 생각한 데서 부적절한 것이었다.

하이젠베르크의 불확정성 원리에 따르면 전자처럼 질량이 작고 빠른 속도로 움직이는 입자의 경우에는 위치와 운동량을 동시에 정확하게 측정하는 것이 불가능하다는 것이다.

슈뢰딩거는 드브로이가 제안한 물질파를 도입하여 수소 원자의 전자 행동을 설명하기 위한 파동 방정식을 제안하였다. 이 파동 방정식을 풀면 양자수에 따른 일련의 파동 함수(Ψ)가 얻어지는데 이 파동 함수의 특성은 양자수에 의해 결정된다. 양자수는 파동 함수의 에너지·공간 모양 등을 결정하며, 파동 함수의 제곱(Ψ^2)은 임의의 공간에서 전자를 발견할 확률을 나타낸다. 그러나 전자의 위치는 정확하게 나타나지 않는다. 3가지의 양자수, 즉 주양자수(n)·방위양자수(l)·자기 양자수(ml)로 나타나는 3차원적 파동 함수를 원자오비탈이라고 한다.

주양자수(n)는 1, 2, 3, … 등의 정수 값만 가지는데 핵으로부터 전자까지의 거리가 어떠한지를 말해준다. 주양자수가 클수록 전자는 핵으로부터 멀리 떨어져 있는 것이므로 오비탈은 커진다. 그러나 그 정확한 위치를 말해주는 것이 아니라 전자를 발견할 확률만을 말해준다. 핵과 전자 사이의 거리는 전자의 에너지를 결정해 주기 때문에 주양자수는 오비탈의 에너지를 결정해 주는 양이 된다. 그리고 주껍질(principal shell)이라는 말도 흔히 사용하는데 이는 동일한 주양자수를 가지는 오비탈을 일컫는 것이다.

방위양자수(l)는 0, 1, 2, … $(n-1)$의 값을 가진다. $n=1$인 경우 방위양자수는 0만 가질 수 있으며 $n=4$인 경우 l은 0, 1, 2, 3의 값을 가진다. 방위양자수는 오비탈의 모양을 결정해준다. 화학자들은 흔히 부양자수라는 말도 쓰는데 이것은 주양자수와 방위양자수가 같은 오비탈을 일컫는 것이다. 또, 주양자수와는 관계없이 방위양자수에 따라 오비탈을 기호로 다음과 같이 나타내기도 한다.

방위양자수	0	1	2	3	4	5	6
기호	s	p	d	f	g	h	i

이 기호를 사용하면 $n=3$이고, $l=3$인 오비탈은 $3p$ 부껍질이 된다.

3번째 양자수인 자기 양자수(ml)는 $-l$, $(-l+1)$, $(-l+2)$, … 0, … $(l-1)$, (l)까지의 값을 가질 수 있으며, 주어진 부껍질에 대해 $(2l+1)$개의 오비탈을 가진다. 이 양자수는 오비탈의 배향을 결정한다.

02 높이 올라가면 부피가 작아진다!

수업모델 모델제시형 – 시범보이기

이 수업은 과학자의 연구형태 중 모델제시형으로 진행된다. 현상으로부터 보일의 법칙을 이해하고 보일의 법칙 실험도구를 통해 기체의 압력과 부피에 관한 모델을 제시하는 모델링 과정을 이해하는 것이 이 수업의 목적이다. 모델제시형의 연구과정에서 적용하기와 모델통합과정이 빠져있다.

『모델제시형의 수업과정』

탐색하기 → 임시모델제안 → 검증하기 → 모델형성 → 적용하기 → 모델수정

(검증하기 ↓ 수정하기 → ↑ 임시모델제안)

(모델수정 ↓ 되돌아가기*)

수업개요

비행기가 착륙했을 때와 이륙했을 때 과자 봉지의 사진을 비교하여 기체의 부피와 압력과의 관계를 알아보도록 하는 수업이다. 이 현상을 설명하기 위한 방법으로 실험을 통하여 현상을 설명하기 위해 제시된 모델을 검증하고 검증하는 과정을 통해서 탐구기능을 향상시킬 수 있다. 모델을 문장, 수식, 그래프 등의 다양한 방법으로 표현할 수 있다는 것을 확인한다. 이 수업을 통해 형성한 기체의 부피와 압력에 관한 모델을 다른 현상에도 적용할 수 있음을 보여준다.

이 수업은 인지적 도제과정 중에서 시범보이기에 해당한다. 교사 주도의 수업으로 진행되나 진행과정에서는 학생들에게 (질문을 통해) 참여를 유도하고 과정을 알 수 있도록 하여야 한다. '시범보이기'에서는 모델제시(modeling)과정을 알아가는 것에 더 초점을 두어야 하며, 학생들이 스스로 올바른 모델을 세우도록 강요할 필요는 없다.

수업안내

- 수업 대상 : 중학생 이상
- 예상 소요시간 : 1시간
- 수업 준비물 : 압력계, 기타 본문 참조

학습목표

1. 실험을 통해 보일의 법칙에 대한 모델을 만들 수 있다.
2. 보일의 법칙을 이용하여 모델링하는 과정에서 과학자의 연구형태와 사고과정을 학습한다.

탐색하기

읽어보기 : 다혜의 일기

처음으로 비행기를 타보게 되었다. 신기하기만 했다. 비행기를 오르는 순간 귀가 멍멍해지는 것을 느낄 수 있었다. 궁금해서 엄마에게 여쭤봤더니 기압의 차이 때문이라고 하셨다. 비행기가 가는 동안 과자를 먹으려고 과자를 꺼냈다. 과자봉지가 점점 부풀어 오르는 것이 아닌가? 과자를 먹고 나서 물을 마셨다. 착륙하고 나서 물병을 보니 찌그러져 있었다. 이게 어찌된 일일까? 궁금해졌다.

[과자봉지]

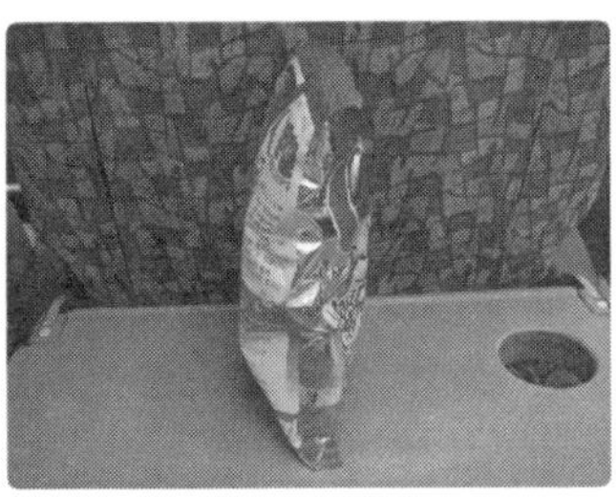

이륙 전 ⇒ 이륙 후 (상공)

[물병]

상공 ⇒ 착륙 후

학생들이 사진이나 이야기를 통해 발견하지 못한 내용을 설명해준다. 모델 제시에 필요한 내용이므로 다음 내용을 제시한다.

- 비행기가 이륙하면 압력이 낮아져서 부피가 증가하는 것을 관찰할 수 있다.
- 과자 봉지는 질소로 충전되어 있다. 이륙 후에는 압력이 감소하면서 부피가 증가하고 물이 반쯤 담겨 있는 물병은 부피가 감소하여 병이 찌그러지게 된다.

1. 왜 이런 일이 생겼을까? 생각한 것을 자유롭게 표현해보자.

- 비행기는 상공에서 압력이 낮아진다. 높은 고도에서 비행기의 내부 기압은 대기압의 약 2/3 정도로 낮아진다. 비행기 내부의 온도가 거의 변하지 않는다고 가정할 때 압력에 따라 부피가 변하는 것을 관찰할 수 있다.

임시모델제안

2. 비행기가 이륙하면 압력은 어떻게 달라질까?

- 비행기의 고도가 높아질수록 압력은 작아진다.

3. 과자 봉지의 모양이 달라지는 것은 무엇이 변한 것인가?

- 비행기의 고도가 높아질수록 압력은 작아진다.

4. 압력의 변화와 과자 봉지의 모양이 달라지는 것은 어떤 관계가 있을까?

- 이륙 후 봉투가 부풀어 오르는 것은 부피가 증가한 것으로 보인다. 압력이 낮아지면 부피는 증가한다.

5. 위의 질문에 대한 답을 종합하여 모델을 만들어보자.

- **모델 제안** : 기체의 압력이 변하면 부피가 변한다. (기체의 압력이 높아지면 부피가 감소한다. 또는 기체의 압력이 작아지면 부피는 증가한다.)

검증하기

6. 위에서 제안한 모델을 확인하기 위한 실험을 해보자.

실험하기 : 기체의 부피는 압력에 따라 어떻게 변할까?

다음은 기체의 부피와 압력과의 관계를 측정할 수 있도록 고안된 실험 장치이다. 이 실험 장치를 이용해서 기체의 부피와 압력과의 관계를 알아보도록 하자.

6-1. 올려놓는 추의 개수에 따라서 달라지는 부피를 측정한다.

올린 추의 수 (개)	부피 측정
0	
1	
2	
3	

6-2. 실험결과를 가지고 경향성을 나타내보자.

① 추의 수가 많아질수록 부피는 (작아진다.)

② 추의 수가 의미하는 것은 무엇인가?

– 기체에 작용하는 압력과 같다.

③ 위의 실험을 통해 알아낸 경향성을 최종적으로 정리해보자.

(추의 수)가 많아질수록 부피는 (감소한다.)

이 실험 장치가 없을 경우 대체 할 수 있는 실험으로는 진공장치를 이용한 실험이 있다. 감압장치를 이용하여 압력이 줄어들수록 부피의 변화를 측정할 수 있다. 하지만 이 장치의 경우 정량적인 측정이 불가능하므로 정성적인 경향성을 눈으로 확인하는 것이다.

다음과 같은 실험 장치에 풍선을 넣어두고 압력을 감소시키면서 풍선의 크기가 어떻게 되는지 관찰하게 한다.

모델형성

모델 표현의 방법에는 단순한 관계를 나타내는 진술에서부터 수식 그래프까지 다양하게 나타낼 수 있다.

7. 발견한 경향성을 다양한 방법을 이용하여 모델로 표현해보자.

7-1. 문장으로 표현하기

- 일정한 온도에서 기체의 부피는 압력에 반비례한다.

7-2. 수식으로 표현하기

- $PV =$ 일정
- $P \propto \frac{1}{V}$

그래프를 나타낼 때에도 P와 V와의 관계, P와 $\frac{1}{V}$의 관계로 표현할 수 있도록 제시한다.

7-3. 그래프로 나타내기

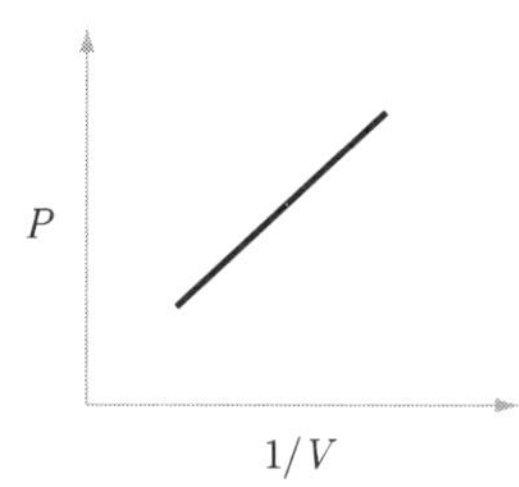

8. 모델을 설명해보자.

8-1. 기체의 부피와 압력과의 관계를 설명해보자.

기체의 부피가 작아지면 기체를 둘러싸고 있는 면에 부딪치는 분자의 수가 많아져 기압이 높아지고, 기체의 부피가 커지면 기체를 둘러싸고 있는 면에 부딪치는 분자의 수가 적어져 기압이 낮아진다.

따라서 추를 올려놓으면 외부 압력이 증가하게 되고 부피가 작아지면서 내부 압력이 증가하여 외부 압력과 내부 압력이 일정하게 되고, 추를 내려놓으면 외부 압력이 낮아지고 내부에서는 상대적으로 높은 압력을 가지고 있으므로 부피가 늘어나게 된다.

8-2. 기체의 부피와 압력은 서로 반비례 관계임을 나타낸 것이 (보일의 법칙)이다.

되돌아가기

9. 탐색 단계에서 보았던 비행기를 타고 여행하던 중 찍은 과자 봉지와 물병의 사진이다.

[과자 봉지]

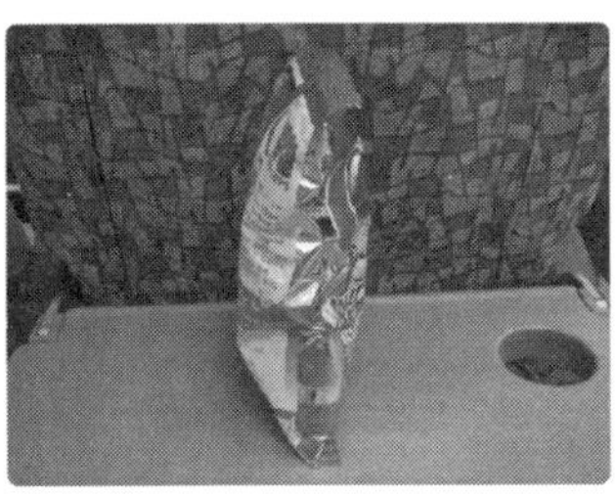

이륙 전 ⇒ 이륙 후 (상공)

[물병]

상공 ⇒ 착륙 후

모델은 현상을 설명하기 위해서 만들어진 것이다. 내가 만든 모델이 자연현상을 설명하는 데 적합한지 알아보기 위해서 탐색하기 단계에서 제시되었던 내용을 모델을 이용해서 설명하는 단계는 중요한 과정 중 하나이다. 모델을 이용해서 현상을 설명하는 방법은 다양할 수 있으므로 학생들의 토의나 토론을 통해서 다른 조와 모델을 비교해보는 것도 모델을 활용하는 활동이라고 할 수 있다.

이러한 현상을 내가 만든 모델을 이용하여 설명해보자.

- 비행기의 고도가 높아지면 비행기 안의 압력은 낮아지는 것을 알 수 있다. 압력이 낮아지면 밀폐된 용기 안에 있던 기체의 압력은 그대로 유지되므로 내부 압력이 커져서 부피가 증가하게 된다.

  반대로 외부 압력이 커지면 밀폐된 용기 안 기체의 압력은 상대적으로 낮아지므로 외부 압력에 의해 부피가 작아지게 된다.

03 용불용설과 자연선택

수업모델 모델제시형 – 시범보이기

이 수업은 과학자의 연구형태 중 모델제시형으로 진행된다. 몇 가지 현상을 관찰하고 진화의 원동력으로 자연선택설을 설명하는 과정을 통해 과학자의 연구과정을 배우게 된다. 모델제시형의 연구과정에서 본 모듈은 모델통합과정이 빠져있다.

『 모델제시형의 수업과정』

탐색하기 → 임시모델제안 → 검증하기 → 모델형성 → 적용하기 → 모델통합

(검증하기 ↓ 수정하기 → ↑ 임시모델제안)

수업개요

생물의 종은 시간이 지남에 따라 변화하며 현존하는 생물이 이전에 존재했던 생물에서 유래한다는 진화의 개념은 고대 그리스 철학자 아낙시만드로스로부터 찾을 수 있다. 그러나 고대 그리스 철학자 아리스토텔레스는 생물종은 불변한다고 하였고, 중세 기독교사상의 영향으로 몇 세기 동안 지구상의 모든 생물종은 창조자가 창조한 이후로 변하지 않는다는 믿음이 이어졌다. 1800년 초 프랑스 박물학자 라마르크는 생물종의 다양성과 화석을 예로 들어 진화론을 주장하였다. 그러나 라마르크는 획득형질이 유전되다고 하는 오류를 범했다. 1859년 다윈은 종의 기원을 발표하면서 진화의 원동력으로 자연선택설을 제시하였다. 그리고 그의 주장을 뒷받침하는 증거로 화석기록이 존재한다.

많은 연구에서 학생들은 라마르크적 진화개념, 목적론적 진화개념을 지니고 있다. 이 수업에서 제시된 예와 활동을 통해 학생들이 지니고 있던 라마르크적 진화개념의 오류를 살펴보고, 학생들이 다양한 변이의 자연선택을 제시할 수 있도록 하는 것이 이 수업의 목적이다.

수업안내

- 수업 대상 : 중학생 이상
- 예상 소요시간 : 2시간
- 수업 준비물 : 공깃돌, 납작한 스티로폼 조각, 이쑤시개, 나무젓가락, 기타 본문 참조

학습목표

1. 용불용설에서 자연선택설까지 과학자들의 사고과정의 변화를 알 수 있다.
2. 실험을 통해 자연선택설이라는 모델을 제시하는 과정을 통하여 과학자의 연구형태와 사고과정을 익힌다.

탐색하기

1. 다음 물음에 답하여라.

1-1. 우리가 사용하는 기관과 사용하지 않는 기관의 발달 정도를 비교해보자. (✓ 표시)

☑ 사용하는 기관이 사용하지 않는 기관에 비해 더욱 발달한다.
☐ 사용하는 기관과 사용하지 않는 기관 모두 발달한다.
☐ 사용하는 기관과 사용하지 않는 기관 모두 변화없다.
☐ 기타(   )

1-2. 야구선수들 중 오른손잡이 투수는 왼팔보다 오른팔이 더 길다고 한다. 오른손잡이 투수들의 오른팔이 더 긴 이유는 무엇인가?

- 오른팔을 계속 사용하여 오른팔이 더 발달하게 되었다.

1-3. 오른손잡이 투수가 결혼하여 자녀를 낳았을 때, 태어난 자녀의 양 팔 길이를 비교하면?

- 동일하다.

1-4. 오른손잡이 투수의 팔 길이는 유전되는가?

- 유전되지 않는다.

1-5. 오른손잡이 투수의 팔 길이는 (선천적 / 후천적)으로 얻어

진 형질이기 때문에 자손들에게 유전(된다. / 되지 않는다.)

1-6. 오른손잡이 투수의 팔 길이와 유사한 예에는 또 어떤 것들이 있을까? 3가지 이상 들어보자.

> 후천적으로 얻어진 형질의 예들을 적어본다.

- 성형수술로 코를 높인 경우
- 교통사고로 인한 장애
- 필기도구 사용으로 오른쪽 손가락의 굳은 살 생성

1-7. 오른손잡이 투수인 호영이는 왼팔보다 오른팔이 조금 길었다. 호영의 아들, 철수도 자라서 야구선수가 되었다. 철수도 오른손잡이 투수로 활약하면서 왼팔에 비해 오른팔의 길이가 조금 더 길어졌다. 철수의 아들, 은호도 어른이 되어서 오른손잡이 투수가 되었다. 호영이의 집안은 야구명문으로 이름을 드높이며 그 자손들은 오른손잡이 투수의 길을 걸었다.
호영, 철수, 은호, 그리고 그 자손들이 태어났을 때 양 팔 길이를 비교해보자. 세대가 거듭되면 자손들이 태어났을 때 오른팔과 왼팔의 길이는 서로 달라져 있는가?

> 대표적인 실험으로 쥐 꼬리를 자르는 실험이 있다. 양친 쥐의 꼬리를 자른 후 교배하여 새끼를 얻어 자손(1세대)을 꼬리를 관찰한다. 다시 자손의 꼬리를 자른 후 교배시켜 다음 자손(2세대)의 꼬리를 관찰한다. 세대를 거듭하여 동일한 실험을 하여도 꼬리가 짧아진 자손은 태어나지 않는다.

- 세대가 거듭되어도 양팔의 길이는 동일하다.

임시모델제안

2. 다음은 우리가 동물원에서 흔히 볼 수 있는 기린의 과거와 현재에 대한 이야기다. 잘 읽고 대답해보자.

> 이 수업은 주로 교사의 안내에 의해 이루어진다. 학생들이 임시적인 모델을 제안할 수 있도록 실제 과학자들의 생각을 살펴보도록 한다.

■ 기린은 나뭇잎을 뜯어 먹고 산다.
옛날 : 기린의 목은 짧았다.
현재 : 기린의 목은 길다.

▪ 프랑스 과학자인 라마르크는 기린의 목이 길어진 현상에 대해 다음과 같은 생각을 하였다.

기린의 조상은 원래 목이 짧았다.

높은 나뭇가지의 잎을 먹기 위해 목을 늘여 목이 길어졌다.

긴 목은 자손에게 유전되어 세대를 거듭함에 따라 결국 기린의 목은 길어졌다.

기린은 목을 늘여야만 높은 나뭇가지의 잎을 먹을 수 있었다.

⇒ 목을 늘인 결과 기린의 목은 차츰 길어지게 되었고, 목이 약간 길어진 새끼를 낳았다.

⇒ 목이 약간 길어진 새끼들은 다시 나뭇잎을 먹기 위해 목을 늘여 목은 더욱 길어지고, 기린들은 목이 더 길어진 새끼를 낳았다.

⇒ 이런 과정이 반복되어 현재의 기린만큼 목이 길어지게 되었다.

2-1. (A)에서 높은 나뭇가지의 잎을 먹기 위해 목을 늘여 목이 길어진 것은 선천적 형질인가 후천적 형질인가?

- 후천적 형질

2-2. (A)에서 기린의 길어진 목은 유전이 가능한가? 라마르크는 어떻게 생각했는가? 나의 생각은 어떠한가?

- 라마르크의 생각 : 계속 사용하여 발달하는 후천적 형질이 유전된다.
- 나의 생각 : 후천적 형질은 유전되지 않는다.

2-3. (B)에서 나타난 라마르크의 주장에 대해 어떻게 생각하는가?

- 길어진 목은 후천적 형질이므로 유전되지 않는다. 따라서 라마르크의 주장은 틀렸다.

아래의 답은 단지 예상 답일 뿐이다. 학생들의 생각은 더욱 다양할 수 있다.

2-4. 현재 목이 긴 기린만 있는 이유는 무엇일까? 이유 또는 목이 긴 기린만 존재하게 된 과정에 대해 자신의 생각을 적어보자.

- 우연히 목이 긴 기린이 태어났다.
- 목이 긴 기린만 살아남았다.
- 돌연변이에 의해 목이 긴 기린이 태어났다.

검증하기

[준비물]

시범보이기 단계이므로 검증하는 방법도 교사가 제시한다.

공깃돌 100개, 이쑤시개 4개, 납작한 스티로폼 조각 (1.5 × 1.5 × 0.2cm) 100개, 나무젓가락 4개

[실험과정]

실험 Ⅰ

(1) 바닥에 공깃돌을 던져놓는다.
(2) 2명씩 짝을 지어 각각 이쑤시개, 나무젓가락을 이용하여 1분 동안 공깃돌을 모은다.
(3) 각 조가 모은 공깃돌 개수를 기록한다.

실험 Ⅱ

(1) 바닥에 납작한 스티로폼 조각(1.5 × 1.5 × 0.2cm)을 던져놓는다.

(2) 실험 I과 같은 방법으로 되풀이 한다.

3. 실험결과

기록된 숫자는 임의의 수다.

3-1. 실험결과를 표에 정리해보자.

사용한 도구	이쑤시개	나무젓가락
공깃돌 갯수	20	80
스티로폼 갯수	60	40

3-2. 공깃돌을 많이 모은 도구는 무엇인가?

- 나무젓가락

3-3. 3-2와 같은 결과가 나온 이유는 무엇인가?

- 이쑤시개는 길이가 짧아 공깃돌을 모으기 힘들었다.

3-4. 스티로폼 조각을 많이 모은 도구는 무엇인가?

- 이쑤시개

3-5. 3-4와 같은 결과가 나온 이유는 무엇인가?

- 스티로폼은 나무젓가락으로 집기도 쉬웠지만, 이쑤시개는 동시에 여러 개를 꽂아서 집을 수 있었기 때문이다.

3-6. 실험 I과 II에서 결과가 다르게 나타난 이유는 무엇인가?

- 줍는 대상에 따라 편리한 도구가 다르기 때문이다.

모델형성

자연선택설
과잉생산 – 생존경쟁 – 적자생존 – 자연선택

4. 위의 실험을 기린 목 길이 이야기와 비교해보자.

4-1. 공깃돌, 스티로폼 조각과 이쑤시개, 나무젓가락은 각각 무엇에 비유될 수 있을까?

- 공깃돌, 스티로폼 조각 : 나뭇잎
- 이쑤시개, 나무젓가락 : 기린 목 길이

4-2. 기린의 목이 짧았던 옛날, 모든 기린의 목 길이가 동일했을까?

- 아니다. 사람들의 키처럼 다양한 목길이를 가졌을 것이다.

4-3. 왜 지금은 목 길이가 긴 기린만 남았는지 위의 실험을 참고하여 설명해보자.

- 다양한 목 길이를 가진 기린들이 있었지만 높은 곳의 나뭇잎을 먹기에는 목이 긴 기린이 유리하였기 때문에 목이 긴 기린들이 살아남아 자손을 낳고 자손들 중에서도 목이 긴 기린이 살아남았을 것이다. 시간이 흐르고 세대가 거듭될수록 목이 짧은 기린의 수는 줄어들고 결국 목이 긴 기린만 남게 되었다.

적용하기

자연선택의 방향

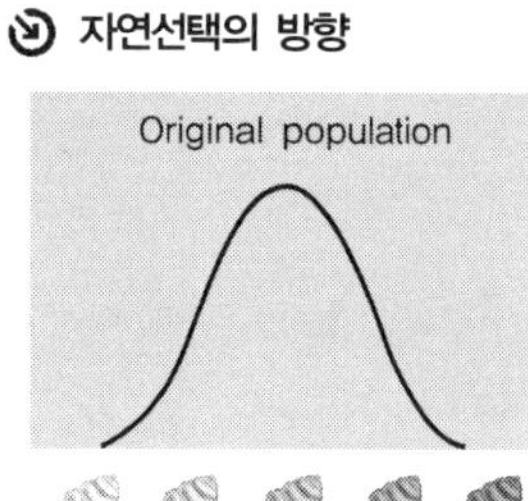

5. 다양한 껍질색을 지닌 가상의 달팽이 집단을 살펴보자.

달팽이종		(가)	(나)	(다)	(라)	(마)	
개체수		100	100	100	100	100	

1) 안정화 선택

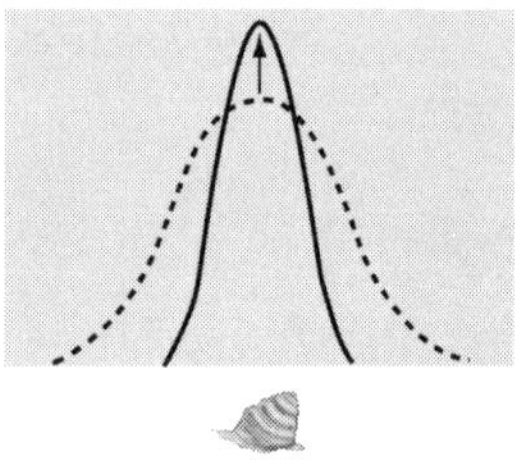

- 표현형 분포가 중간값을 갖는 개체수가 늘어나고 양 극단으로 갈수록 개체수가 적어진다.

2) 방향성 선택

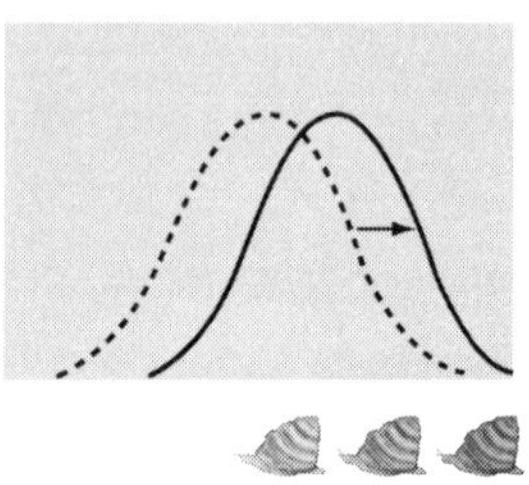

- 표현형 분포가 어느 특정한 방향으로 변한다.

3) 분단성 선택

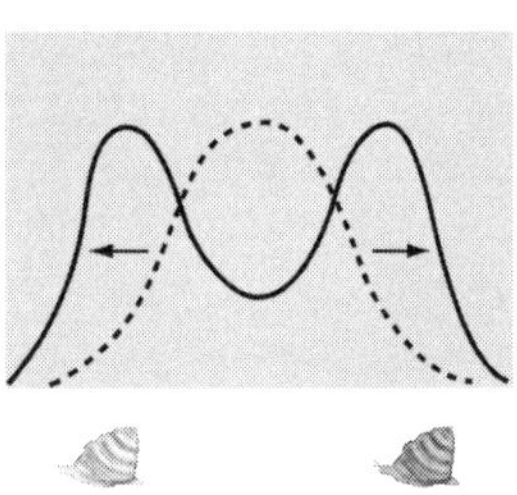

- 하나의 개체에서 2개 이상의 표현형들이 동시에 선호되어 각기 분리된다.

껍질색	어두운 회색	←→	옅은 노란색

5-1. 달팽이 (다)종의 개체수가 많아지고 (가)와 (마)의 개체수가 적어질 수 있는 환경을 만들어보자.

- 달팽이들이 잎에 서식하여 녹색은 포식자의 눈에 띄지 않지만 어두운 회색이거나 밝은 노란색인 달팽이는 상대적으로 포식자에게 잡아 먹혔다.

5-2. 양 극단 (가)와 (마)의 개체수가 증가하고 (다)의 개체수가 감소하는 환경을 만들어보자.

- 달팽이가 서식하던 초원이 개발되어 건물들이 생겼다. 건물의 습진 곳에서는 어두운 회색 달팽이의 생존율이 높아졌고 근교에 초원으로 남은 곳엔 밝은 녹색 달팽이가 살게 되었다.

5-3. 달팽이가 서식하는 곳이 바위의 그늘진 곳이라면 달팽이의 개체수를 어떻게 변화하겠는가? 그래프로 나타내보자.

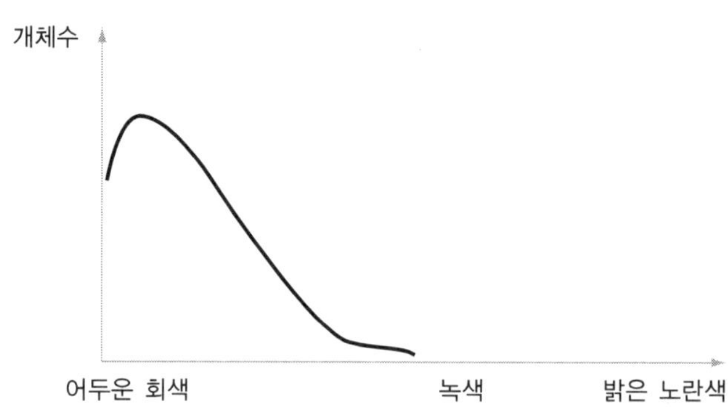

04 표면성장 모델

수업모델 모델제시형 – 교수적도움

이 수업은 과학자의 연구형태 중 모델제시형으로 진행된다. 표면성장 현상에 대한 이해를 전제로 하여 표면성장 현상이 갖는 규칙성을 설명하기 위한 모델을 형성하는 과정까지 과학자의 연구과정을 알아보는 것이 수업의 목표가 된다.

『모델제시형의 수업과정』

탐색하기 → 임시모델제안 → 검증하기 → 모델형성 → 적용하기 → 모델통합

(검증하기 ↓ 수정하기 → 임시모델제안 ↑)

수업개요

표면성장 현상이 갖는 규칙성은 실험을 통해서 확인이 가능하다. 따라서 이 수업은 표면성장 실험의 문제해결형 모듈에 이어서 실시될 때 효과적이다. 시간에 따라 경계면의 거칠기가 증가하다가 일정 시간이 되면 경계면의 거칠기는 포화(saturation)에 이른다. 표면성장 실험에서 보여지는 이러한 규칙성을 설명하기 위하여 테트리스 게임으로부터 임시모델을 만들어 만든 모델을 검증해보고, 수정하는 과정을 통하여 현상을 모델로 설명이 가능하다는 것에 대한 학습이 이루어진다. 모델에 대한 인식이 전혀 없거나 모델의 형성에 있어서 수업의 진행이 어려운 경우에는 학생들에게 모델형성에 관련된 논의과정만 진행하게 하고, 검증의 과정에서는 과학자들이 만들어 놓은 다양한 모델을 이용하여 검증하도록 적절한 교수적도움이 필요하다.

수업안내

- 수업 대상 : 고등학생 이상
- 예상 소요시간 : 3시간
- 수업 준비물 : 컴퓨터(인터넷 사용 환경 제공)

학습목표

1. 표면성장 현상을 설명할 수 있는 모형을 찾을 수 있다.
2. 표면성장 현상을 모형으로 설명하는 과정에서 과학자의 연구형태와 사고과정을 학습한다.

탐색하기

> 표면성장(경계면성장) 현상이 일정한 패턴을 가지고 있음을 인식하게 한다.

1. 지난 시간까지 실험을 통해 알아보았던 실험의 결과를 사진을 통하여 다시 한 번 살펴보자.

1-1. 표면성장(경계면성장)은 어떤 것이었나?

- 시간에 따라 경계면(표면)의 거칠기가 더 거칠어진다.
- 시간이 더 많이 지나면 포화(saturation)가 일어난다.

1-2. 표면성장(경계면성장)은 어떻게 설명이 가능할까? 지금까지 알아본 표면성장 현상을 설명하기 위하여 모델을 만들려고 할 때, 우리가 실험을 통하여 발견한 사실을 다른 표현-무언가가 떨어져서 쌓이는 것으로 생각해보자.

- 시간이 지날수록 경계면의 거칠기가 거칠어지는 현상은 경계면에 무언가가 쌓이는 부분만 계속하여 쌓이는 것으로 볼 수 있다.
- 폭이 넓을수록 경계면의 거칠기가 거칠어지는 현상은 무언가가 쌓일 때 폭이 넓으면 더 불규칙할 수 있다는 것을 의미한다.

2. 표면성장 현상에 대하여 다음을 논의해보자.

> 모델에 대하여 익숙하지 않은 경우, 모델에 대한 적절한 안내가 필요한 단계이며, 원자 모형 등의 예를 들어 모델에 대한 안내를 한다.

2-1. 표면성장 현상으로부터 일정한 규칙이나 패턴을 찾아볼 수 있는가?

- 시간에 따라 표면의 거칠기가 점점 거칠어지다가 일정해지는 패턴을 갖는다.

> 논의가 잘 진행되지 않는 경우 모델이 갖는 규칙성에 대하여 적절한 안내와 도움을 준다.

2-2. 표면성장이 갖는 일정한 패턴을 설명하는 가장 적합한 방법으로는 어떤 것이 있을까?

- 패턴을 잘 나타내는 모델을 만들어 설명할 수 있다.

2-3. 주변에서 본 적이 있는 패턴을 갖는 상황을 표면 성장을 설명하기 위한 모델을 만드는데 적용해보자. 일정한 패턴을

갖는 상황에는 어떤 것이 있을까?

- 테트리스 게임(컴퓨터 게임)

임시모델제안

3. 게임이 갖는 규칙성에는 어떤 것이 있는가?

- 블록이 모든 영역에 무작위로 떨어진다.
- 일단 블록이 붙으면 붙는 지점에 계속 쌓인다.

4. 게임의 규칙성을 적용하여 표면성장을 설명할 수 있는 모델을 만들고, 그림으로도 표현해보자.

- 테트리스 게임에서 시간이 지나면서 무작위로 쌓이는 블록의 모습으로 표면성장 현상을 설명할 수 있다.

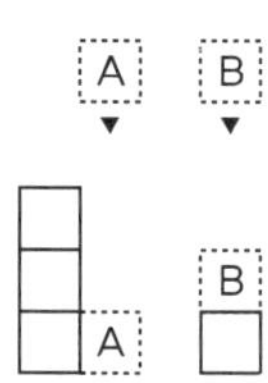

검증하기

5. 게임을 적용하여 고안한 모델이 우리의 예상대로 표면성장을 설명하기에 적합할까? 다음의 시뮬레이션을 보고 확인해보자.

5-1. 시뮬레이션 〈출처 : http://statphys.ssu.ac.kr/frame/rd.html〉

무작위 증착 모델
(Random deposition model)
가장 간단한 모델로, 제한 조건 없이 임의의 위치에 블록이 떨어져 성장하는 모델로 일정해지는 지점이 없이 계속하여 거칠기가 증가하는 오류를 가지고 있다.

Ⓢ 시뮬레이션을 보고 모델로 현상이 갖는 규칙성을 모두 설명할 수 있는지를 확인하게 한다.
〈출처 : 숭실대학교 물리학과 통계물리 연구실 http://statphys.ssu.ac.kr/frame/rd.html〉

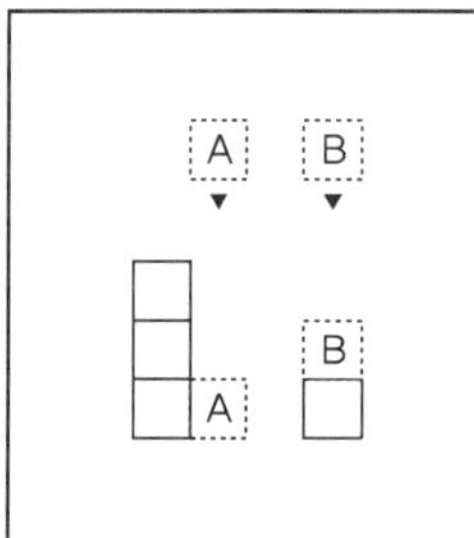	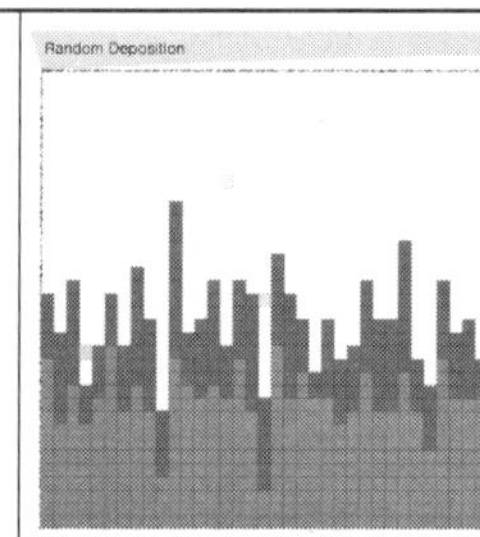	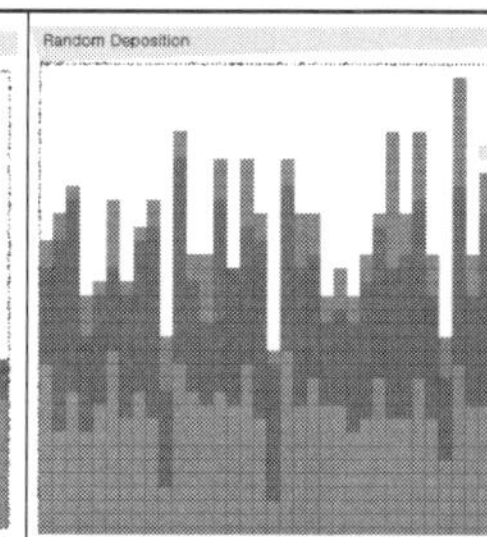
모델	시뮬레이션 초기	시뮬레이션 후기

5-2. 표면성장을 설명하기에 적합한가?

- 시간이 지나면서 경계면의 거칠기가 무한정 증가하는 문제점이 있다.

수정하기

Ⓢ 오류를 수정할 수 있는 제한 조건을 논의하게 하고, 논의가 잘 진행되지 않을 경우, 과학자의 모형들에 대한 적절한 안내를 한다.

6. 모델이 갖는 문제점을 해결하기 위하여 일정한 조건이나 규칙에 대하여 생각해보자.

- 떨어지는 물체가 나뭇가지에 달라붙는 것처럼, 블록이 옆의 블록에 붙는 조건을 넣어본다.
- 일정 높이 이상이 되면 쌓이지 않는 조건을 만든다.

임시모델제안

7. 논의한 조건이나 규칙에 해당하는 모델을 생각하여, 그림으로 표현해보자.

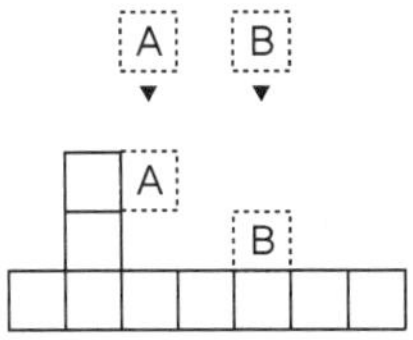

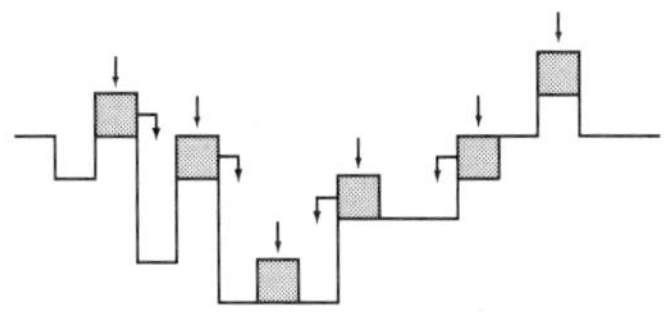

검증하기

8. 새로운 규칙을 적용한 모델이 표면성장을 잘 설명할 수 있는지 확인해보자.

8-1. 근접 블록과 상호작용하는 모델

〈출처 : http://fisica.udea.edu.co/~mpaez/Jfracdim/Jfracdim.html〉

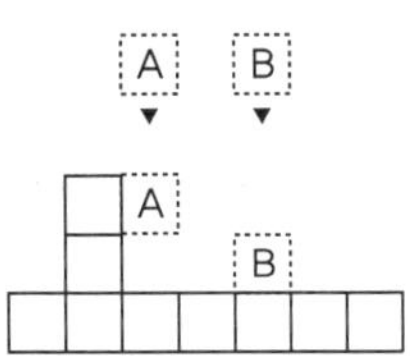	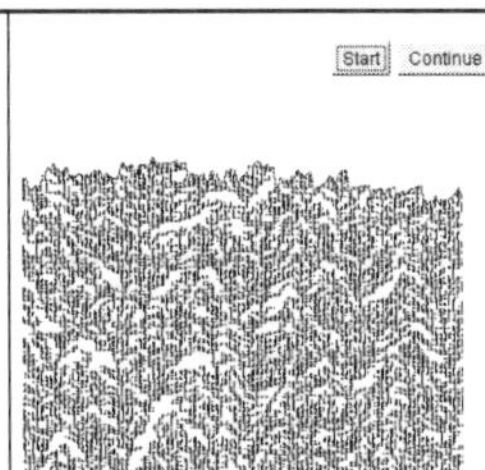	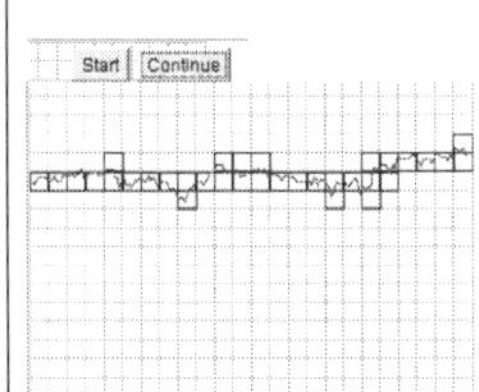
모델	성장 결과 화면	시뮬레이션

비행증착 모델
(Ballistic deposition)
어떤 입자들이 중력에 이끌려 떨어져서 바닥에 쌓일 때, 입자가 떨어지다가 인접한 다른 입자들의 기둥이나 가지에 붙어버릴 수 있다. 이런 일이 되풀이 되면 구멍이 듬성듬성 뚫려 있는 입자들의 더미가 형성되며 성장한다.
〈출처 : http://fisica.udea.edu.co/~mpaez〉

8-2. 일정 높이 수준까지 올라가고 낮은 쪽으로 떨어지는 규칙을 갖는 모델 〈출처 : http://statphys.ssu.ac.kr/frame/rd_relax.html〉

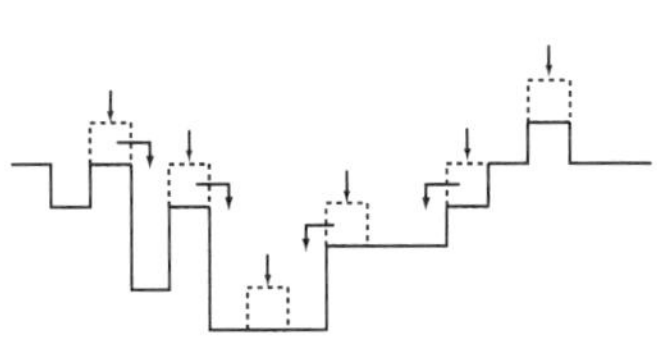	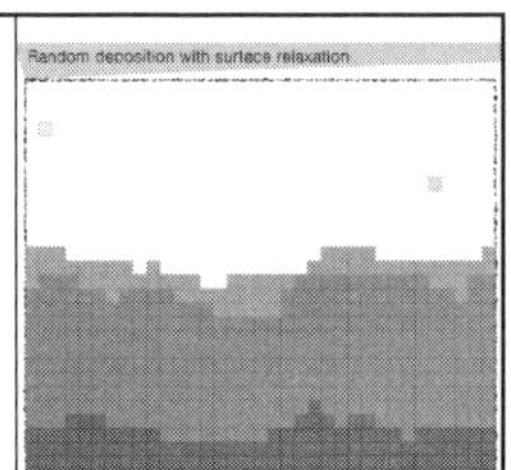
모델	시뮬레이션 1

표면완화 랜덤 증착
(Random deposition with surface relaxation)
일정 높이까지 블록이 쌓이면 그 위에 떨어진 블록이 옆 블록 아래로 떨어진다.
〈출처 : 숭실대학교 물리학과 통계물리 연구실 http://statphys.ssu.ac.kr/frame/rd.html〉

8-3. 각각의 모델에서 발견되는 문제점이 있는가?

- 빈 공간이 만들어지는 모델도 있지만, 현상이 갖는 규칙성을 설명하는 데 아무런 문제가 없다. 현상을 잘 설명한다.

모델통합

9. 표면성장 현상을 설명하기에 적합한 모델로 어떤 것들이 있었는가? 정리해보자.

- 근접 블록과 상호작용하는 모델이나 일정 높이 수준까지 올라가고 옆으로 떨어지는 모델로 표면성장 현상이 갖는 규칙성에 대한 설명이 가능했다.

적용하기

과학자들은 표면성장 현상을 여러 가지 방법으로 규칙을 지닌 모델을 이용하여 설명하였고, 많은 부분에서 현상과 모델의 결과가 유사하게 나타나는 것을 확인하였다. 이를 응용하여 첨단 과학기술에서도 실제 사용되고 있는데 반도체 공정이 그 예이다. 반도체의 재료를 만드는 과정에서 반도체 표면을 매끄럽고 균일하게 공정하기 위해 여러 가지 재료로 그 표면을 성장시키는데, 이때 표면성장 효과를 없애기 위한 노력의 방법으로 반도체 표면을 매끄럽게 성장시키기 위한 노력에 표면성장 연구가 기여를 한다.

10. 지금까지 만들고 검증한 모형을 적용할 수 있는 다른 현상을 찾아보자.

- 크로마토그래피의 경계면에서 보이는 현상 설명
- 반도체 표면의 거칠기 완화를 위한 노력

05 이온의 전도도

수업모델 모델제시형 – 교수적도움

이 수업은 과학자의 연구형태 중 모델제시형으로 진행된다. 산 염기 적정 시 나타나는 이온의 전도도 그래프를 이용하여 이온마다 전도도가 다르다는 것을 알아보고 이온에 따라 전도도가 다르게 나타나는 이유를 설명할 수 있는 모델을 제시하는 것이 이 수업의 목적이다. 모델제시형의 연구과정에서 수정하기와 모델통합 과정이 빠져있다.

모델제시형의 수업과정』

탐색하기 → 임시모델제안 → 검증하기 → 모델형성 → 적용하기 → 모델통합

(검증하기 ↓ 수정하기 → ↑ 임시모델제안)

수업개요

산 염기 적정 시 이온수의 변화는 당량점 이전과 당량점 이후의 변화 양상이 같다. 일정하게 감소하였다가 일정하게 증가한다. 전도도는 이온의 수에 영향을 받으므로 일정하게 감소하였다가 일정하게 증가하는 패턴으로 나올 것이라 예상할 수 있다. 그러나 이온마다 전도도가 다르기 때문에 당량점 이전과 이후의 기울기가 다르게 나타난다. 이온의 전도도 그래프에서 기울이가 당량점 전후에 다르게 나타나는 현상을 설명하기 위해서 이온마다 전도도가 다르다는 모델을 세우고 이온의 종류에 따라 전도도가 어떻게 달라지는지에 대한 요인을 찾아 모델을 구체화시킨다. 구체화된 모델을 검증하기 위한 실험을 통해 모델을 과학적으로 만들어 과정을 경험하도록 하는 것이 수업의 주안점이다. 모델을 검증하기 위해 이온의 전도도를 측정하면서 실험설계 능력과 변인통제 능력을 향상시킬 수 있을 것이라 기대한다.

수업안내

- 수업 대상 : 고등학생 이상
- 예상 소요시간 : 3시간
- 수업 준비물 : NaOH, HCl, MBL 전도도 센서, 기타 본문 참조

학습목표

1. 산 염기 적정 시 이온의 전도도를 측정한 그래프를 이온의 전도도로 설명할 수 있다.
2. 이온마다 전도도가 다른 이유에 대해 모델링하는 과정에서 과학자의 연구형태와 사고과정을 학습한다.

탐색하기

실험 : 전기가 통한다!

[준비물]

0.05M NaOH 수용액, 0.05M HCl 수용액, 비커, 마그네틱 바, MBL 전극 센서, 인터페이스, 컴퓨터

[실험과정]

▪ NaOH를 HCl로 적정

① 25mL의 NaOH를 비커에 넣고, 전극을 설치하고, 전도도를 측정한다.

② HCl 용액이 일정한 시간 간격으로 떨어지게 하여 적정한다. (용액이 잘 혼합되도록 마그네틱 바를 사용한다.)

③ HCl 용액이 50mL 사용될 때까지 전류의 변화를 측정한다.

▪ HCl을 NaOH로 적정

④ 위의 과정과 같은 방법으로 용액을 바꾸어 실험한다.

[실험결과]

① 전도도를 그래프로 나타내보자.

② 이온의 전도도 그래프의 기울기에 대해 논의해보자.

1. [NaOH를 HCl로 적정]하였을 때 나타날 것이라 예상되는 그래프를 그려보자. 실험을 직접한 후 결과 그래프를 그려보자.

[예상 그래프]

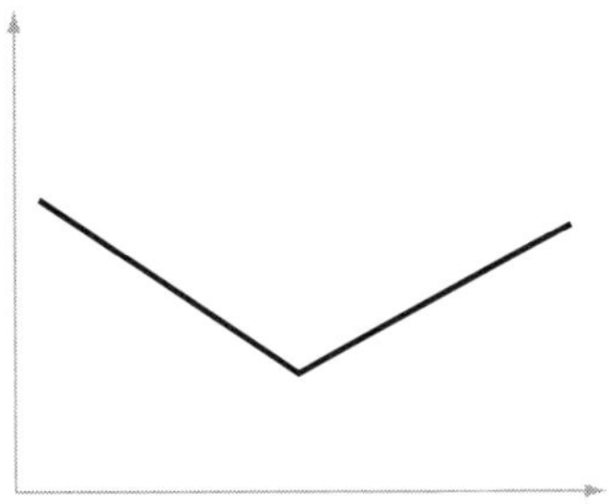

[결과 그래프]

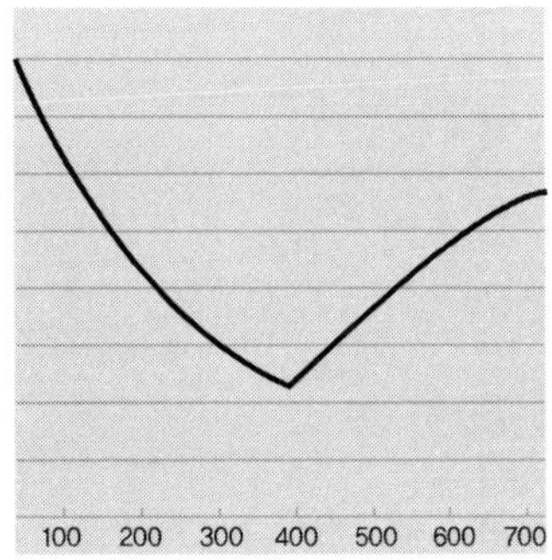

1-1. 위와 같이 예상한 이유는 무엇인가?

- 중화반응이 일어나면 수소 이온과 수산화 이온이 반응하여 물이 생성되므로 물이 생성되는 동안 이온의 수는 감소하게 된다. 당량점 이후 첨가되는 양만큼 이온의 수가 증가하므로 전도도는 증가한다.

2. [HCl을 NaOH로 적정]하였을 때 나타날 것이라 예상되는 그래프를 그려보자. 실험을 직접한 후 결과 그래프를 그려보자.

[예상 그래프]

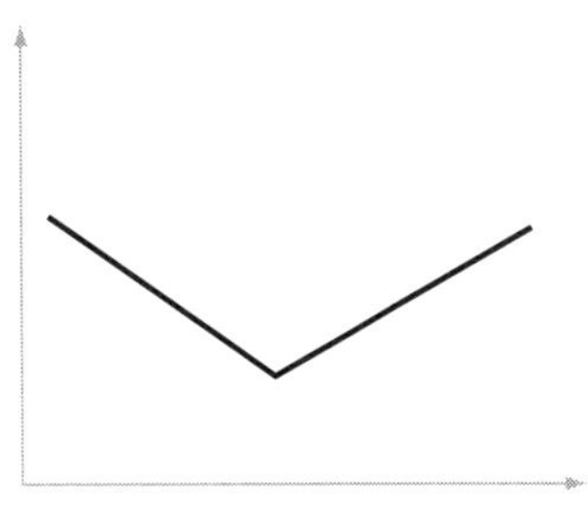

[결과 그래프]

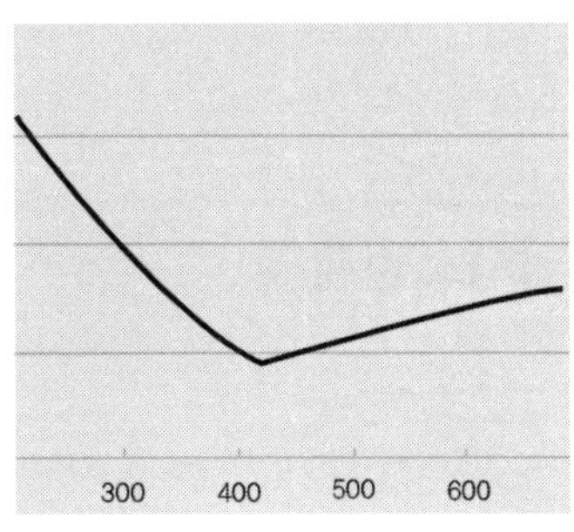

2-1. 위와 같이 예상한 이유는 무엇인가?

- 중화반응이 일어나면 수소 이온과 수산화 이온이 반응하여 물이 생성되므로 물이 생성되는 동안 이온의 수는 감소하게 된다. 당량점 이후 첨가되는 양만큼 이온의 수가 증가하므로 전도도는 증가한다.

3. 예상 그래프와 결과 그래프를 비교해보자.

3-1. 예상 그래프와 결과 그래프가 같은가? 다른가?

3-2. 예상 그래프와 결과 그래프가 다르다면 예상과 다르게 나온 이유를 설명해보자.

① 이온의 수는 같아도 용액의 전체 부피가 증가하기 때문

② 이온마다 전도도가 다르기 때문에 남아있는 이온의 종류에 따라서 기울기가 달라짐
[NaOH를 HCl로 적정]한 경우 남아있는 이온은 수소 이온과 염화 이온, 나트륨 이온이고, [HCl을 NaOH로 적정]한 경우 남아 있는 이온은 수산화 이온과 염화 이온, 나트륨 이온이다. 결국 이온의 전도도 차이는 수소 이온과 수산화 이온이 가진 전도도의 차이에서 나타난 것이라고 할 수 있다.

임시모델제안

4. 위의 실험결과를 보고 이온의 전도도에 대한 모델을 제시해보자.

- 이온마다 전도도는 각각 다르다.
- 이온마다 다른 전도도를 나타내는 것은 이온의 크기 때문이다.
- 이온마다 다른 전도도를 나타내는 것은 전하 때문이다.

검증하기

5. 이온의 전도도에 대한 모델을 검증할 수 있는 실험을 설계해 보자.

① 이온의 크기에 따라 달라질 것이다.
(수화반지름의 크기 비교)

양이온의 경우	음이온의 경우
아이오딘화나트륨, 아이오딘화칼륨	염화나트륨, 브로민화나트륨, 아이오딘화나트륨
나트륨 > 칼륨	염화 이온 > 아이오딘 이온 > 브로민 이온

Variation in hydrated radius of ions

Hydration of an ion depends on the electrostatic attraction of water molecules to that ion. Because attraction of water molecules around an ion depends on that ion's density of charge, smaller ions (and thus ions of greater ionic potential) attract more water molecules. The result is the *inverse* relationship between non-hydrated radius and hydrated radius shown below.

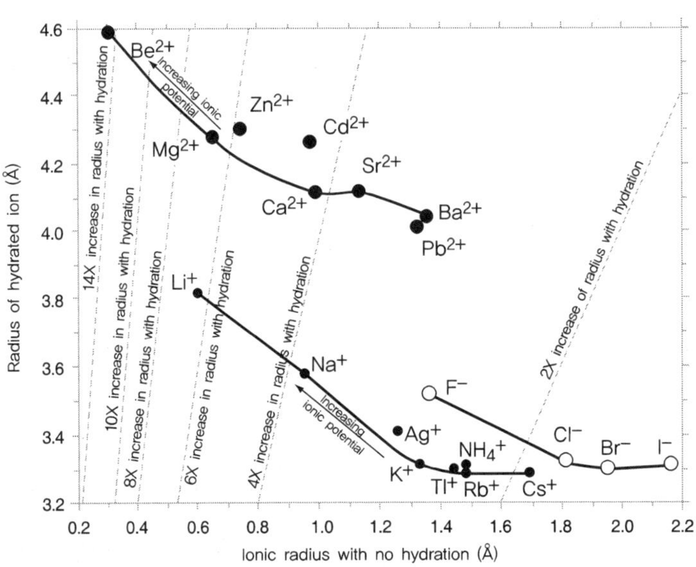

ⓢ 실험을 할 때 용액의 농도는 같아야 한다. (여기서는 0.05M으로 맞춤)

ⓢ **찾아보기**
-298K의 수용액에서 이온의 전도도: 물리화학 Atkins 6판 참고

ⓢ 이온의 크기가 작을수록 전도도가 크다.

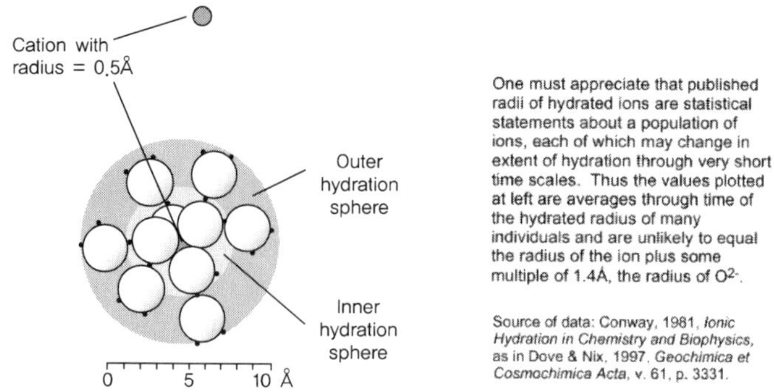

〈출처 : www.gly.uga.edu〉

② 이온의 전하에 따라 달라질 것이다.

이온의 전도도 비교

(실제 실험 설계가 어렵다면 자료를 이용하여 패턴을 찾아낼 수 있다.)

Na^+	5.01	Cl^-	7.63
K^+	7.35	Br^-	7.81
Zn^{2+}	10.56	SO_4^{2-}	16.00

③ 용액의 농도에 따라 달라질 것이다.

같은 농도의 같은 용액으로 농도를 다르게 하여 전도도를 측정한다.

6. 실험을 수행한 후 결과를 적어보자.

• 결과 ①–1

	1회	2회	3회
NaI	5289.4	5260.8	5251.2
KI	6473.4	6444.7	6416.1

수화반지름의 크기를 비교할 때 칼륨 이온의 크기가 나트륨 이온의 크기보다 작으므로 이동하기가 쉬워 전도도가 크다.

• 결과 ①–2

	1회	2회	3회
NaCl	5241.7	5232.2	5213.1
NaBr	5423.1	5404.0	5404.0
NaI	5289.4	5260.8	5251.2

수화반지름의 크기를 비교할 때 염화 이온 > 아이오딘화 이온 > 브로민화 이온의 순서이다. 전도도 측정값에서 볼 수 있듯이 수화반지름이 클수록 전도도 값은 작아진다. 양이온과 마찬가지로 이온의 크기가 작을수록 전도도가 크다.

• 결과 ②

Na^+	5.01	Cl^-	7.63
K^+	7.35	Br^-	7.81
Zn^{2+}	10.56	SO_4^{2-}	16.00

위의 표에서 볼 수 있듯이 전하가 큰 경우 전도도 값이 크다는 것을 알 수 있다. 아연 이온의 경우 수화반지름이 훨씬 크지만 (수화반지름이 큰 경우 전도도 값은 작아진다.) 2가 이온이므로 이온의 전하가 크기 때문에 큰 전도도 값을 가진다고 해석할 수 있다.

• 결과 ③

	1회	2회	3회
0.05 M NaBr	5423.1	5404.0	5404.0
0.005 M NaBr	706.53	696.99	696.99
0.0005 M NaBr	105.02	105.02	105.02

농도가 묽어질수록 이온의 수가 감소하므로 전도도는 감소한다.

모델형성

7. 위의 결과를 종합하여 이온의 전도도에 대한 모델을 정확하게 표현해보자.

- 이온의 전도도는 이온의 수화반지름에 반비례한다.
- 이온의 전도도는 이온의 전하량에 비례한다.
- 이온의 전도도는 이온의 농도에 반비례한다.

8. 우리가 만든 모델을 다른 조와 비교하여보고 어느 것이 더 과학적 모델이라고 할 수 있는지 토론해보자.

적용하기

9. 우리 몸속의 신경계의 기본 단위는 뉴런이다. 뉴런이 자극을 전달해 주는 원리를 이온의 전도도로 설명해보자.

- 뉴런은 동물에서 신경을 구성하여 신호를 전달하는 역할을 하는 세포이다. 이 신호 전달은 뉴런 내에서는 전기 신호를 전달하는 것으로 이루어지며, 다른 뉴런에는 일반적으로 시냅스를 통해 화학 물질을 분비하는 것으로 이루어진다. 뉴런의 세포막에는 이온이 드나들 수 있는 각종 이온 채널이 존재하여, + 전하를 띠고 있는 이온을 막 안팎으로 이동시킴으로써 전기 신호가 전달된다. 수상돌기와 축색돌기가 맞닿아 있는 시냅스 부분에서, 축색돌기는 화학 물질을 분비함으로써 다음 뉴런의 수상돌기에 자극을 전달하게 된다.

  이 채널은 리간드, 즉 신경전달물질과의 결합에 의해 열리는 이온 채널로서 나트륨 채널(sodium channel)이나 칼슘 채널(calcium channel)과 같은 양이온 채널이 열리면 세포외액에 있던 양이온이 시냅스 이후 부분으로 들어오게 되고 이에 따라 안정막전위(예를 들면 –80mV)를 유지하던 세포 내부의 전압이 부분적으로 변화하게 된다.

06 멘델 따라하기

수업모델 **모델제시형 – 교수적도움**

이 수업은 과학자의 연구형태 중 모델제시형으로 진행된다. 혼합가설이 일반화되어 있던 시대에 학생들은 멘델이 했던 것처럼 유전물질의 입자설을 제시하게 된다. 그리고 멘델의 논문을 읽고 멘델이 유전의 법칙을 발견하기까지의 과정을 따라하는 기회를 가짐으로써 유전 현상의 모델을 만들어 나가는 과학자의 연구과정을 경험하게 된다. 모델제시형의 연구과정에서 본 모듈은 탐색하기* → 임시모델제안* → 검증하기*가 세 번 반복되며 적용하기, 모델통합과정이 빠져있다.

『모델제시형의 수업과정』

탐색하기* → 임시모델제안* → 검증하기* → 모델형성 → 적용하기 → 모델통합

(검증하기* ↓ 수정하기 → 임시모델제안*)

수업개요

유전현상을 설명하려는 시도는 고대에도 있었다. 히포크라테스는 몸의 각 부위에서 미립자가 나와 정자와 난자로 들어간 후, 자손에게 전달된다고 하였다. 이 설명이 옳다면 한 개체의 몸에서 일어난 모든 변화가 자손에게 전달될 것이다. 아리스토텔레스는 유전이란 몸을 만들 수 있는 능력이라며, 히포크라테스의 주장을 반박하였다. 하지만 19세기까지도 개체가 살아가는 동안 획득한 특성이 자손에게 유전된다는 생각이 팽배해 있었다. 19세기 초 생물학자들은 관상용 식물의 유전양식을 관찰한 결과, 자손은 양쪽 부모로부터 특성을 물려받는다는 사실을 알게 되었다. 이를 바탕으로 양쪽 부모의 유전형질이 자손에게 섞여 나타나는 혼합가설을 주장하였다. 즉, 유전형질은 물감이 섞이듯 혼합되어 자손에게 나타난다고 여겼다. 혼합가설에 따르면 빨간색 물감과 흰색 물감이 혼합되어 분홍색 자손이 나타나면 빨간색과 흰색 물감은 분리될 수 없으므로 다음 자손들은 모두 분홍색만 나타나야 한다. 1866년 그레고르 멘델은 그 당시 생물학자들이 주장한 혼합가설에 대해 다른 견해를 발표하였다. 멘델은 완두콩 교배 실험을 통해 유전형질이 변화하지 않는 입자로 이루어져 있고, 따라서 양쪽 부모의 형질이 자손에게 유전되어도 유전인자(입자)는 변하지 않는다고 주장하였다. 이 수업은 멘델이 유전물질이 입자로 이루어져 있다고 가정하고, 실험 관찰을 통해 유전법칙을 이끌어 내기까지의 사고과정을 학생들이 경험하게끔 제공하는 것이 목적이다. 각 문항의 질문에 학생들은 19세기 생물학자나 멘델이 되어 관찰된 사실을 설명할 수 있어야 한다. 교사는 학생들이 기존의 지식이 아닌 주어진 관찰 자료에 근거하여 각 문항에 답할 수 있도록 안내한다.

수업안내

- 수업 대상 : 고등학생 이상

- 예상 소요시간 : 5시간
- 수업 준비물 : DNA 전기영동 실험장치, PCR 기계, 초파리(WT, eya2), 기타 본문 참조

학습목표

1. 완두꽃 색 유전을 관찰하여 유전 원리를 이끌어 낼 수 있다.
2. 관찰한 유전현상에 대한 모델을 형성하는 과정을 통하여 과학자의 연구형태와 사고과정을 익힌다.

탐색하기

읽기자료 1

혼합설

빨간색과 흰색 물감을 혼합하면 중간색인 분홍색이 된다. 한번 혼합된 분홍색은 다시 빨간색과 흰색으로 분리될 수 없다. 따라서 분홍색끼리 교배하면 항상 분홍색 자손만 태어난다.

생물학자들은 관상용 식물을 관찰하여, 자손은 양쪽 부모로부터 특성을 물려받는다는 것을 밝혔다. 이를 바탕으로 과학자들은 유전과 관련된 물질이 있을 것이라 예상하였다. 다음은 유전과 관련된 물질에 대해 서로 다른 입장이다.

(가) 19세기 초 생물학자들은 다음과 같은 현상을 관찰할 수 있었다.

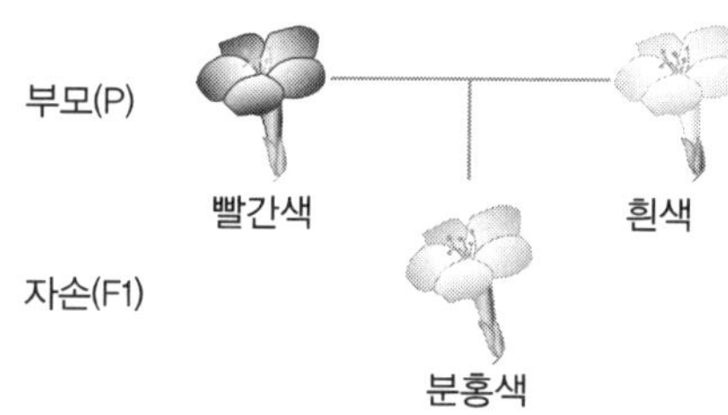

빨간색 꽃과 흰색 꽃을 교배하면 자손은 모두 분홍색 꽃이 나타났다.

(나) 1860년, 수도사였던 멘델은 완두콩 교배 실험을 통해 다음과 같은 현상을 관찰할 수 있었다.

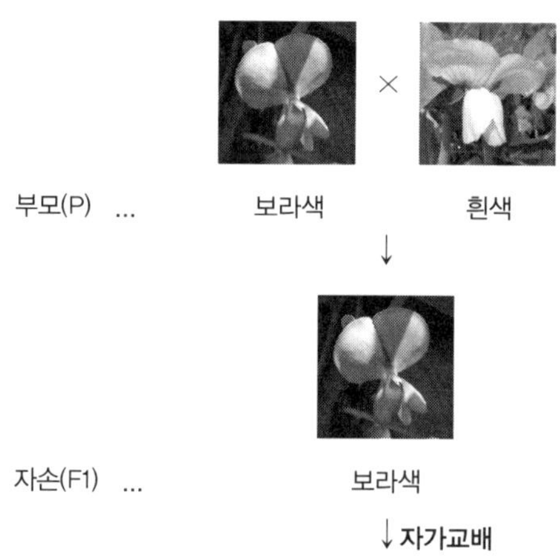

자손(F2) … 보라색 흰색

완두의 보라색 꽃과 흰색 꽃을 교배하면 자손은 모두 보라색 꽃을 나타낸다.

멘델은 완두꽃색뿐 아니라 완두콩 색깔, 꼬투리 모양, 꽃의 위치와 같은 형질에서도 같은 유전현상이 나타난다는 것을 관찰할 수 있었다.

1. (가)에서 빨간색 꽃과 흰색 꽃이 교배되면 자손은 모두 분홍색 꽃으로 나타났다. 19세기 초 생물학자들은 이를 관찰한 후, 분홍색 꽃이 나타난 현상을 어떻게 설명했을까?

- 부모의 빨간색과 흰색이 섞여 분홍색으로 나타났다.
- 부모의 꽃색이 섞여서 중간색인 분홍색이 나타났다.

학생의 입장이 아닌 19세기 초 생물학자들의 생각을 적어보도록 한다.

2. (가)에서 자손인 분홍색 꽃(F1)과 분홍색 꽃(F1)을 교배하면 다음 세대(F2)에서 꽃 색깔은 어떻게 나타날까? 왜 그렇게 생각하는가? (19C 생물학자 입장에서 설명하여라.)

- 분홍색끼리 교배하여 유전물질이 계속 혼합되므로 자손들도 모두 분홍색이다.

읽기자료에서 알 수 있는 사실만 적도록 한다.

3. (나)에서 멘델이 완두꽃색 교배를 통해 관찰한 사실은 무엇인가?

- 보라색 꽃과 흰꽃 사이에서 보라색 꽃이 나타났다. 하지만 자손 2대에서 다시 흰색이 나타난다.

4. (가)와 (나)의 꽃색 유전에서 차이점은 무엇인가?

- (가)는 자손이 중간색을 띠지만 (나)는 자손의 꽃색이 한쪽 부모와 똑같다.

5. 내가 멘델이라면 완두꽃색 교배실험결과를 보고 어떤 의문을 가지게 되었을까? (가)의 꽃색유전과 비교하여 설명해보자.

- 부모의 색이 섞이지 않고 한쪽 색깔만 나타났을까?
- 왜 연보라색이 나오지 않았을까?
- 부모에게 있던 흰색은 어디로 갔을까?

임시모델제안

학생의 입장이 아닌 19세기 초 생물학자들의 생각을 적어보도록 한다.

6. 내가 만약 19세기 초 생물학자라면 **읽기자료 1** (가)에서 관찰된 사실을 무엇에 비유하여 설명하겠는가?

- 유전물질은 물감과 같은 액체로 이루어져 있어서 빨간색과 흰색이 섞여서 중간색인 분홍색이 나타난다.

7. 내가 만약 멘델이라면 **읽기자료 1** (나)에서 관찰된 사실을 무엇에 비유하여 설명하겠는가?

- 유전물질은 변하지 않는 입자로 이루어져 있다.

검증하기

이 수업은 인지적 도제과정 중 시범보이기로 교사의 안내를 필요로 한다.

8. 멘델의 주장을 검증할 수 있는 실험을 설계해보자.

8-1. 다음의 자료를 바탕으로 실험을 설계해보자.

> 제공된 자료를 이용하여 학생들이 실험을 설계할 수 있다. 학생들의 사전지식이 부족하다면 교사는 PCR과 전기영동에 대한 자료를 더 제공하거나 사전에 과제로 제시한다.

- ▸ 재료 : 동형접합 야생형 초파리, 동형접합 눈없는 초파리
- ▸ PCR(Polymerase Chain Reaction, 중합효소연쇄반응) : 이미 염기서열 일부를 알고 있는 유전자를 증폭하는 방법
- ▸ agarose 전기영동 : DNA를 분자량에 따라 분리할 수 있다.

- 야생형초파리와 eyeless초파리를 교배하여 잡종을 얻는다.
- 초파리의 염기서열을 알아내어 PCR법을 이용하여 유전자를 증폭하고 전기영동법으로 유전자를 분리하여 야생형초파리, eyeless초파리, 잡종초파리의 유전자를 비교한다.

8-2. 실험을 수행한 후, 그 결과를 정리해보자.

① 잡종의 표현형은?

- 야생형과 동일

② 전기영동 결과

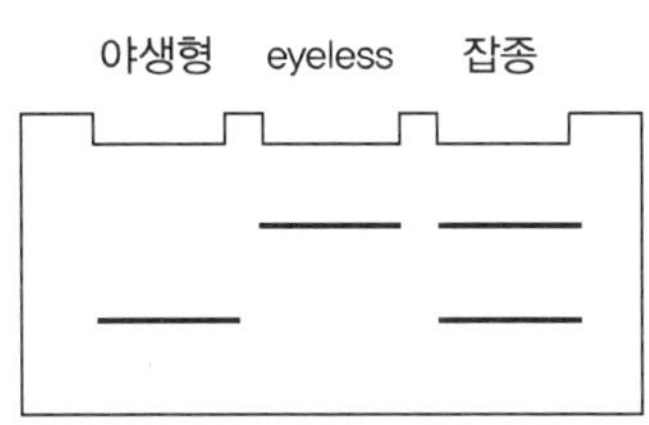

③ 전기영동 결과 관찰된 사실은 무엇인가?

- 야생형 유전자가 eyeless 유전자보다 분자량이 크다.
- 잡종은 야생형 유전자와 eyeless 유전자 모두 나타난다.

모델형성

9. 실험결과로 유추할 수 있는 것은 무엇인가?

- 잡종은 양친의 유전자를 모두 가지지만 둘 중 하나만 표현형으로 드러난다.
- 야생형 유전자의 일부가 결실되어 돌연변이가 나타났다. 그 결과 정상적인 눈 발생에 이상이 생겼다.

탐색하기 2

읽기자료 2

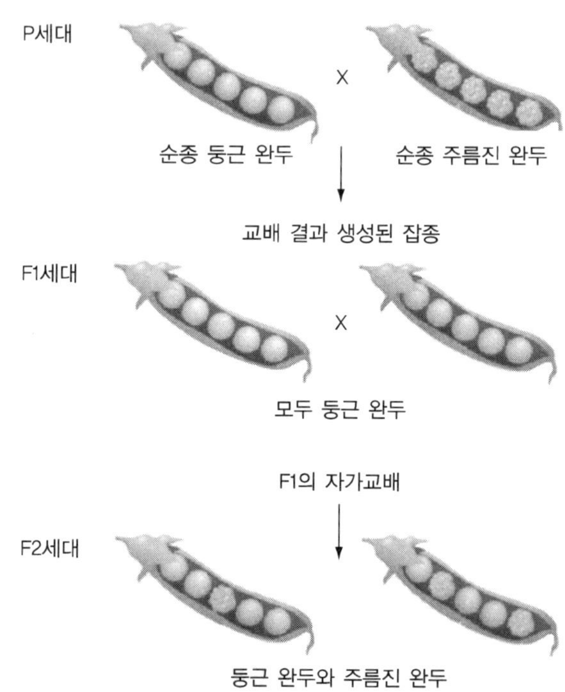

식물	실험 1		실험 2	
	완두콩 모양		완두콩 색	
	둥근 콩	주름진 콩	노란색	녹색
1	45	12	25	11
2	27	8	32	7
3	24	7	14	5
4	19	10	70	27
5	32	11	24	13
6	26	6	20	6
7	88	24	32	13
8	22	10	44	9
9	28	6	50	14
10	25	7	44	18

실험 3. **완두꽃색과 씨 껍질 색**. 929그루의 식물에서, 705그루가 자주색 꽃과 회갈색 씨 껍질을 가지며, 224그루는 흰 꽃, 흰 씨껍질이다.

실험 4. **꼬투리 모양**. 1181그루 식물 중 882그루가 부드러운 아치형 꼬투리, 299개가 수축된 형태이다.

실험 5. **미성숙한 꼬투리의 색**. 580 실험 식물 중 428개가 녹색 꼬투리, 152개가 노란색 꼬투리다.

실험 6. **꽃의 위치**. 858그루의 식물에서, 651그루가 측면에 꽃이 있고, 207그루가 말단에 있다.

실험 7. **줄기 길이**. 1064그루 식물에서 787그루가 길고, 277그루가 짧다.

1. 각 실험에서 형질의 비율을 계산해보자.

실험	형질	비율
1	둥근 콩 : 주름진 콩	3.33 : 1
2	노란색 : 녹색	2.89 : 1

실험	형질	비율
3	자주색 : 흰색	3.15 : 1
4	아치형 꼬투리 : 수축된 꼬투리	2.95 : 1
5	녹색 꼬투리 : 노란색 꼬투리	2.82 : 1
6	측면 꽃 : 말단 꽃	3.14 : 1
7	긴 줄기 : 짧은 줄기	2.84 : 1
평균		3.02 : 1

2. 이 실험을 한 멘델은 재배결과를 보고 어떤 의문을 가지게 되었을까?

- 3의 비율로 나타난 우성형질은 양친과 잡종 중 누굴 닮았는가?

3. 의문을 해결하기 위한 실험을 설계해보자.

- 자가교배하여 자손(F3)의 형질을 관찰한다.
- PCR과 전기영동을 하여 유전자의 차이를 비교한다.

임시모델제안

4. 위 실험에서 얻어진 비율을 설명할 수 있는 모델을 만들어보자.

- 쌍을 이룬 유전요소가 자손에게 유전될 때 나누어져 들어간다.
- 양친으로부터 한 개씩의 유전요소를 받아 유전요소는 쌍을 이룬다.

검증하기

5. 멘델의 실험결과가 예상되는 이론적인 값에 충족되는지 확인하기 위해 χ^2–검정을 해보자.

> 확률표는 수업시간에 교사가 나누어주거나 화면에 띄워 사용할 수 있다.

$$\chi^2 = \Sigma(\text{관찰치} - \text{기대치})^2/\text{기대치}$$

- 예 콩 모양
  얻어진 완두콩 총 개수 : 437개
  둥근 콩의 기대치 : 437 × 3/4 = 327.27
  주름진 콩의 기대치 : 437 × 1/4 = 109.25
- χ^2 = (336 – 327.27)^2/327.27 + (101 – 109.25)^2/109.25
  = 0.23 + 0.62

카이제곱 확률

	확률									
자유도	0.95	0.90	0.70	0.50	0.30	0.20	0.10	0.05	0.01	0.001
1	0.004	0.016	0.15	0.46	1.07	1.64	2.71	3.84	6.64	10.83
2	0.10	0.21	0.71	1.39	2.41	3.22	4.61	5.99	9.21	13.82
3	0.35	0.58	1.42	2.37	3.67	4.64	6.25	7.82	11.35	16.27
4	0.71	1.06	2.20	3.36	4.88	5.99	7.78	9.49	13.28	18.47
5	1.15	1.61	3.00	4.35	6.06	7.29	9.24	11.07	15.09	20.52
6	1.64	2.20	3.83	5.35	7.23	8.56	10.65	12.59	16.81	22.46
7	2.17	2.83	4.67	6.35	8.38	9.80	12.02	14.07	18.48	24.32
8	2.73	3.49	5.53	7.34	9.52	11.03	13.36	15.51	20.09	26.13
9	3.33	4.17	6.39	8.34	10.66	12.24	14.68	16.92	21.67	27.88
10	3.94	4.87	7.27	9.34	11.78	13.44	15.99	18.31	23.21	29.59
11	4.58	5.58	8.15	10.34	12.90	14.63	17.28	19.68	24.73	31.26
12	5.23	6.30	9.03	11.34	14.01	15.81	18.55	21.03	26.22	32.91
13	5.89	7.04	9.93	12.34	15.12	16.99	19.81	22.36	27.69	34.53
14	6.57	7.79	10.82	13.34	16.22	18.15	21.06	23.69	29.14	36.12
15	7.26	8.55	11.72	14.34	17.32	19.31	22.31	25.00	30.58	37.70
20	10.85	12.44	16.27	19.34	22.78	25.04	28.41	31.41	37.57	45.32
25	14.61	16.47	20.87	24.34	28.17	30.68	34.38	37.65	44.31	52.62
30	18.49	20.60	25.51	29.34	33.53	36.25	40.26	43.77	50.89	59.70
50	34.76	37.69	44.31	49.34	54.72	58.16	63.17	67.51	76.15	86.66

← 기각 실패 | 기각 →
0.05 수준에서

- 자유도는 1이므로 확률은 약 38%

탐색하기 3

읽기자료 3

자료의 조사를 간편하게 하기 위해, 밑씨 식물의 서로 다른 형질은 이 실험에서 A B C로 표시하고, 화분 식물의 형질들은 a, b, c로 표시하였으며, 잡종은 Aa Bb Cc로 나타낸다.

첫 번째 실험

AB	밑씨 식물	ab	화분 식물
A	둥근 형태	a	주름진 형태
B	노란색 배젖	b	녹색 배젖

수정된 씨는 둥글고 노란색이었고, 밑씨 식물과 닮았다. 이 수정된 씨로부터 자란 식물들은 4종류의 씨를 생산했는데, 종종 하나의 꼬투리 내에 함께 존재했다. 15그루의 식물로부터 총 556개의 씨를 얻었고, 이 씨들은 다음과 같다.

315개	둥글고 노란색	101	주름지고 노란색
108개	둥글고 녹색	32	주름지고 녹색

이들 모두 다음해에 심어졌다. 둥글고 노란색 씨는 11개가 발아하지 못했다. 또한 3개의 식물이 열매를 맺지 못했다. 나머지 식물은 아래와 같이 씨들을 맺었다.

38개	둥글고 노란색 씨	AB
65개	둥글고 노란색이거나 녹색 씨	ABb
60개	둥글고 노란색이거나 주름지고 노란색 씨	AaB
138개	둥글고 노란색이거나 녹색, 주름지고 노란색이거나 녹색 씨	AaBb

주름지고 노란색 씨로부터 자란 식물들 중, 96개가 열매를 맺었고, 이들은

28개	모두 각지고 노란색	aB
68개	각지고 노란색이거나 녹색 씨	aBb

108개의 둥글고 녹색인 씨에서 자란 식물들 중에서 102개가 열매를 맺었고 이들은

35개 모두 둥글고 녹색 씨 Ab

67개 둥글거나 주름진 녹색 씨 Aab

주름지고 녹색인 씨는 30그루의 식물이 되었는데, 이들은 시종일관 고유한 씨를 만들었고 불변적이다. ab

1. 멘델의 잡종의 자손들을 몇 가지로 분류하였나?

주어진 자료(멘델의 실험결과)를 재조직하는 능력이 필요하다.

- 9가지

2. 다시 3집단으로 묶어보아라. 기준은 무엇인가? 그리고 각 집단 간의 비율은?

집 단	(가)	(나)	(다)
잡종의 형태	AB, Ab, aB, ab	ABb, aBb, AaB, Aab	AaBb
기 준	각 형질당 한 가지 특징만 나타내는 자손	한 형질은 한 가지 특징만 나타내지만 다른 형질은 두 가지 특징 모두 나타난다.	모든 조합의 특성을 모두 나타내는 자손
총 개체수	33	65	138
평균 비율	1 :	2 :	4

3. 두 종류의 서로 다른 형질이 잡종으로 조합될 때, 자손은 다음과 같은 표현으로 나타낼 수 있다.

- AB + (Ab) + (aB) + ab + (2ABb) + (2aBb) + (2AaB) + 2Aab + (4AaBb)

임시모델제안

4. 이 유전현상을 설명할 수 있는 모델을 제시하라.

- 퓨넷표를 그려서 독립유전을 설명할 수 있다.

검증하기

5. 4에서 제시된 모델을 검정하라.

- χ^2 – 검정

예 둥근 콩(A) : 노란 콩(a)

A를 가진 개체 = 38 + 35 + 65 + 60 + 67 + 138 = 403

a를 가진 개체 = 126

총 개체수 529

A 개체의 기대치 = 526 × 3/4 = 396.8

a 개체의 기대치 = 526 × 1/4 = 132.3

χ^2 = 0.20

확률 P = 70%

모델형성

※ 탐색하기 1, 2, 3에서 얻은 결과를 종합하여 정리해보자.

- 입자설, 우열의 법칙, 분리의 법칙, 독립의 법칙

07 분자를 춤추게 하는 열

수업모델 **모델제시형 – 도움중지**

이 수업은 과학자의 연구형태 중 모델제시형으로 진행된다. 탐색하기 단계에서 열과 관련된 현상을 보고 중학생들이 흔히 가지고 있는 열소설과 관련된 임시모델을 제안한다. 하지만, 검증하기 과정에서 수정의 필요성을 느끼고, 열은 분자의 운동과 관련된다는 새로운 모델을 형성하도록 한다. 이 수업에서는 모델을 제안하는 과정이 2번 반복되며, 이 수업을 통해 열소설 모델의 문제점을 깨닫고, 열은 분자의 운동이라는 새로운 모델을 제안하는 과정을 익히도록 하자.

『모델제시형의 수업과정』

탐색하기* → 임시모델제안* → 검증하기* → 모델형성 → 적용하기 → 모델통합

(검증하기 ↓ 수정하기 → 임시모델제안 ↑)

수업개요

이 수업은 과학자의 연구형태 중 모델제시형의 교수적도움 단계로 진행된다. 시범보이기에서 밟아왔던 모델제시형의 각 단계를 열의 전도를 설명할 수 있는 모델을 만들어보는 과정을 통해 확인할 수 있도록 구성되어 있다. 탐색하기 단계의 현상을 보고 가장 많이 떠올릴 수 있는 모델은 18세기 후반에 제창된 열소설에 근거한 모델인데, 그 이유는 열에 대한 오개념 중 가장 많은 부분을 차지하는 것이 열은 어떤 물질의 일종이라고 생각하는 것이기 때문이다. 본 학습자료는 이러한 오개념을 많이 갖고 있는 중학생용으로, 학생들이 직접 세운 임시모델이 잘못되었다고 판단할 수 있는 검증실험과 열은 곧 에너지라는 개념을 이용하여 세울 수 있는 모델을 만드는 데 도움이 되는 실험내용을 포함하고 있다. 실험내용은 대부분 실제 과학사에서 찾을 수 있는 내용을 중학생의 수준에 맞는 보다 친근한 형태로 재구성하였다. 직접 실험한 결과로부터 새로운 모델을 추론하여보고 이러한 과정을 통해 열소설이란 모델이 폐기될 수밖에 없었던 이유와 근대의 열에 대한 개념이 어떻게 출현할 수 있었는지를 생각해볼 수 있다.

수업안내

- 수업 대상 : 중학생 이상
- 예상 소요시간 : 3시간
- 수업 준비물 : 스티로폼판, 스프링 4개, 탁구공 4개, 줄자, 기타 본문 참조

학습목표

1. 열전도 현상을 설명할 수 있는 모델을 만들 수 있다.
2. 열에 대한 모델을 찾는 과정을 통해 과학자의 연구형태와 사고과정을 학습한다.

탐색하기

1. 다음 활동을 하며 어떤 현상이 일어나는지 관찰하자.

쇠막대가 너무 많이 가열되면 화상을 입을 수 있으므로 주의한다.

[준비물]

쇠막대기, 알코올램프, 풍선 3개, 비커 3개, 얼음물, 뜨거운 물

활동 1. 쇠막대의 한쪽 끝을 잡고, 다른 한쪽 끝을 알코올램프로 가열한 후, 손의 느낌 변화를 관찰한다.

활동 2. 풍선 3개를 같은 크기로 불어, 하나는 빈 비커에, 다른 하나는 뜨거운 물에, 나머지 하나는 얼음물에 넣고, 풍선의 크기 변화를 관찰한다.

1-1. 활동 1에서 손의 느낌 변화는 어떠한가?

- 한쪽 끝에만 가열을 했음에도 불구하고 손으로 잡고 있던 반대편이 뜨거워졌다.

1-2. 활동 2에서 각 비커에 넣은 풍선의 크기 변화는 어떠한가?

- 얼음물에 넣은 풍선은 처음 것보다 크기가 줄어들었으며, 뜨거운 물에 넣은 풍선을 처음 것보다 크기가 커졌다.

임시모델제안

2. 관찰한 현상을 설명하는 모델을 만들어보자.

실제 과학사에서 볼 수 있는 모형(열소설)으로 열이 곧 에너지라는 개념이 성립되기 이전 열을 어떤 물질로 보았을 때의 모형이다.

2-1. 쇠막대 속에서는 어떤 일들이 일어나기에 이런 현상이 나타나는 것일까? 그림으로 나타내면?

- 알코올램프로부터 열분자가 튀어나와 쇠막대에 전달되었다. 열 분자는 가열된 쇠막대의 끝부분에서 내가 손으로 잡고 있던 부분까지 쇠막대를 타고 이동하였다.

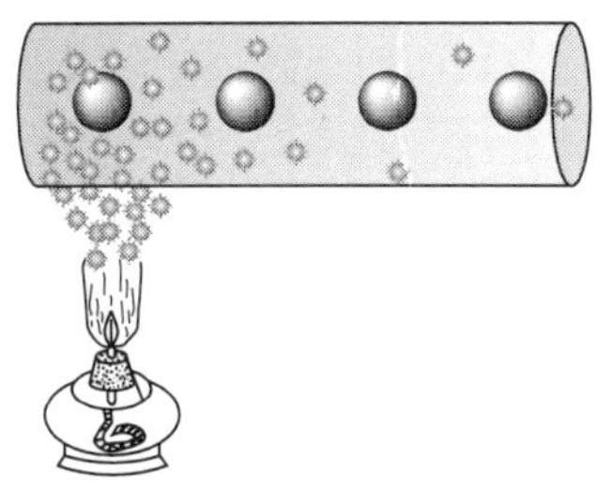

2-2. 같은 방법으로 고무풍선의 크기가 변한 현상을 어떻게 열과 관련지어 설명할 수 있을까? 그림으로 그려보면?

- 공기 분자는 그대로 있는데 얼음물의 경우 열 분자가 고무풍선에서 바깥쪽으로 빠져나가서 크기가 줄어들었고, 뜨거운 물의 경우 열 분자가 바깥쪽에서 고무풍선 안쪽으로 들어와서 크기가 커졌다.

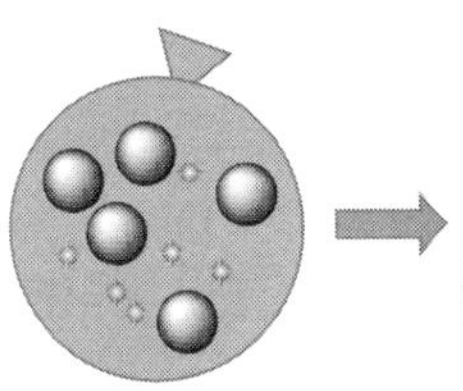

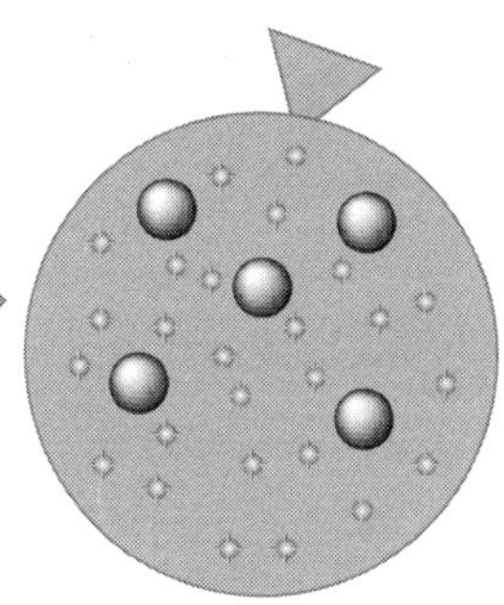

열소설

열 현상을 설명하기 위해 18세기 후반에 제창된 모델인 열소(熱素; caloric)를 기초로 한 이론. 열을 에너지의 한 형태로 보는 현대의 견해와는 달리, 열을 물질의 일종으로 보았다. 18세기 후반, 비열·숨은열의 실험을 통해 처음으로 열과 온도를 구별한 J. 블랙은 <열은 미세하고 무게가 없는 탄성유체(彈性流體)로서 물질입자를 둘러싸며 서로 반발한다>고 생각하여 열소의 원형을 만들었다. 한편, 같은 무렵 그 입자를 칼로릭(caloric)이라고 명명하고 화학의 원소표에까지 넣은 사람은 A.L. 라부아지에인데, 화학반응에 따르는 발열·흡열을 설명했다. 그는 또 M.P.S. 라플라스와 함께 블랙과는 다른 방법으로 열량측정 실험을 했다. 19세기에 들어와 열량측정은 차츰 정확하고 다양하게 이루어졌으나 열소에 기초한 설명의 원리는 계속 이어졌다. 독자적으로 열량측정을 한 돌턴도 열소설의 강력한 지지자였다.

검증하기

3. 여러분이 생각한 모델을 증명할 수 있는 실험을 수행하자.

[준비물]

고무지우개, 거친 사포

실제 과학자의 실험

럼퍼드(C. Rumford: 1753~1814)

럼퍼드는 독일의 바이에른 정부 밑에서 국방장관으로 지내던 중 대포에 구멍을 뚫을 때 엄청난 양의 열이 발생한다는 사실을 알고 크게 놀랐다. 그는 끝을 무디게 만든 천공기를 물속에 있는 포신에 꽂고 돌려주면 엄청난 열이 발생하는데, 이때 발생한 열은 그 대포의 포신을 깎기 위해 천공기를 돌려주는 일의 양에 완전히 비례한다는 것을 밝혀내고 기존의 열소설을 부인했다. 만약 열소설이 옳다면 열은 무게가 없는 물질로, 물질과 결합되어 있는 열소들이 마찰 등에 의해 떨어져 나갈 때 열이 발생하기 때문에, 발생되는 열량은 천공기에 의해 깎여 나오는 쇠밥의 양에 비례할 것이라고 생각했다. 그러나 끝이 무딘 천공기의 경우 깎여 나오는 쇠밥이 전혀 없는 데도 발생열량은 외부로부터 가해준 일의 양에 비례해서 엄청나게 늘어났던 것이다. 이 내용은 1798년「마찰에 의해 생겨난 열의 원천에 관한 연구」에 발표되었다. 열은 물질이 아니라 물질을 구성하는 수없이 많은 분자나 원자들의 운동에 의해 발생하는 에너지의 일종이라는 현대적 견해가 대두되기 시작한 것이었다.

열소설을 부정하는 또 다른 실험

험프리 데이비(Humphery Davy, 1778~1829, 영국)의 실험

1799년 험프리 데이비는 진공에서 2개의 금속 조각을 서로 문질러서 나는 열로 초를 녹이는 실험을 하였다. 이로써 열은 물질이 아니라 역학적 일과 밀접한 관계를 가지고 있는 에너지의 한 형태임이 밝혀졌다.

1. 고무지우개를 거친 사포 표면에 대고 문지르자. (20회)
2. 1과 같은 고무지우개를 책상 면에 대고 문질러보자. (20회)
3. 문지르는 횟수를 늘려가며 어떤 변화가 생기는지 살펴보자.

3-1. 고무지우개를 거친 사포 표면과 책상 면에 문지를 때, 어떤 현상이 일어날까?

- 고무지우개를 문지르면 고무지우개 가루가 나온다. 가루가 나올 때, 고무지우개와 결합하고 있던 열 분자들이 떨어져 나오므로 고무지우개가 뜨거워질 것이다.

3-2. 고무지우개를 거친 사포 표면과 책상 면에 문지를 때, 어떤 경우에 고무지우개가 더 뜨거울까? 여러분이 생각한 모형으로 예상해보자.

- 고무지우개와 결합되어 있던 열 분자가 밖으로 많이 나올수록 뜨거워지므로 지우개 가루가 많이 나오는 쪽이 열이 많이 날 것이다.

3-3. 실제 실험에서는 두 경우 중 어느 경우의 지우개가 더 뜨거운가?

- 지우개 가루가 조금 나온 쪽이 더 뜨거웠다. 그리고 많이 문지를수록 더 많이 뜨거워졌다.

3-4. 실제 실험결과는 여러분이 생각한 모델을 바탕으로 예상한 실험결과와 일치하는가?

- 일치하지 않는다. 지우개 가루가 조금 나온 쪽이 더 뜨거웠다. 지우개 가루의 양과 지우개의 뜨거운 정도와는 상관이 없었으며, 오히려 문지르는 횟수가 많을수록 뜨거워졌다.

새로운 모델제안

4. 새로운 모델을 형성하는 아이디어를 얻기 위해 다음 실험을 수행해보자.

> 탁구공을 분자로, 탁구공을 움직이게 할 수 있는 에너지를 열로 관련시킬 수 있도록 하는 실험이다.

[준비물]

스티로폼판, 스프링 4개, 탁구공 4개, 줄자

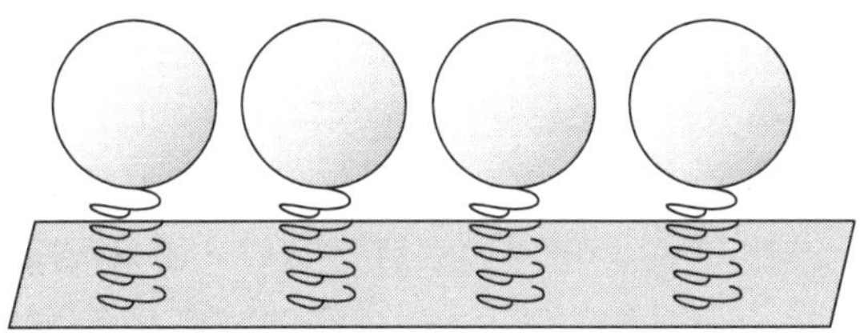

1. 그림과 같이 탁구공에 구멍을 뚫어 스프링을 연결한 후, 스프링의 나머지 다른 쪽을 스티로폼판에 연결한다.
2. 가장자리에 있는 탁구공 하나를 튕겨보고 그 움직임을 관찰하자.
3. 2cm, 4cm, 6cm, 8cm에서 튕겨보고 양옆의 거리를 재어보자.

4-1. 한 개의 탁구공을 튕긴 후 탁구공의 움직임은 어떠한가?

- 한 개의 탁구공만 튕겼을 뿐인데 탁구공의 움직임이 양 옆에 있는 탁구공에게 서로 서로 전달되어 결국엔 네 개의 탁구공이 모두 움직였다. 탁구공이 더 많이 있었어도 옆에 있는 탁구공의 움직임의 영향을 받아 모두 다 움직였을 것이다.

4-2. 2cm, 4cm, 6cm, 8cm에서 탁구공을 튕겼을 때, 양 옆의 거리를 측정하고 표로 나타내자. 변화가 있는가?

> 스프링의 길이를 고려하여 튕긴 거리를 다양하게 변화시켜 실험할 수 있다.

튕긴 거리	2cm	4cm	6cm	8cm
양엽 거리				

- 변화가 있다. 탁구공을 멀리서 튕길수록 양 옆의 거리는 늘어난다.

5. 이 실험을 바탕으로 새로운 모델을 형성하여보자.

5-1. 이 실험을 바탕으로 탐색하기 첫 번째 경우를 설명할 수 있는가? 그림으로 나타내보자.

- 탁구공 1개를 튕기면 탁구공은 운동하게 되고 그 운동은 점차 전달되어 간다. 열을 가한다는 것은 탁구공을 튕기는 것처럼 쇠막대 분자를 운동시키는 것이라고 생각할 수 있다. 튕겨진 탁구공의 운동이 양 옆의 탁구공에 전달되듯이 열이 쇠막대 분자를 운동시켰고, 그 운동이 양 옆으로 전달되어 결국 열을 가하지 않은 쪽도 뜨거워진 것이다. 곧, 열은 분자를 운동시키는 것이며, 열이 전달되는 것은 분자의 움직임이 전달되는 것으로 생각할 수 있다.

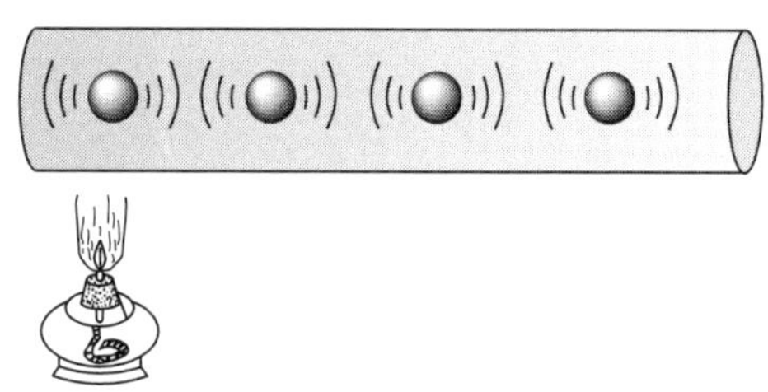

5-2. 두 번째 경우도 같은 모형을 사용하여 설명할 수 있는가? 그림으로 나타내보자.

- 열이 가해지는 것은 기체 분자의 움직임을 활발하게 하는 것이라고 생각할 수 있다. 뜨거운 물속에 풍선을 담그면 뜨거운 물속의 열이 풍선으로 전달되고, 열이 가해진 기체 분자의 움직임이 활발해져 기체 분자 사이가 멀어지므로 풍선 부피가 커진다고 생각할 수 있다.

기체 분자의 수나 크기는 그대로 유지되면서 기체 분자의 움직임만 커져 부피가 증가된 것이다. 간혹 열이 가해지면 기체 분자 자체의 크기가 커진다고 생각하는 학생들이 있으므로 주의한다.

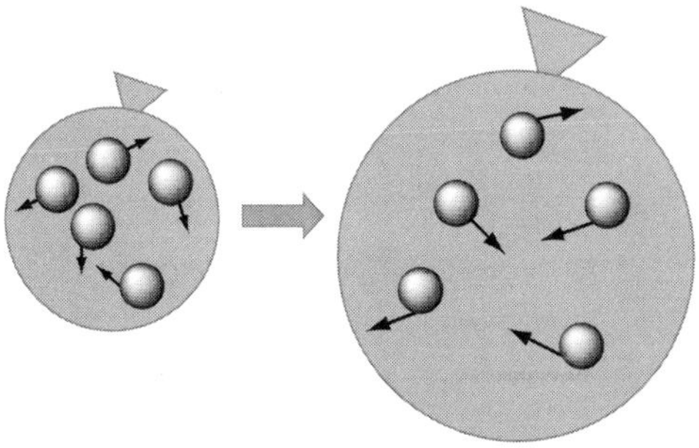

검증하기

6. 전자레인지는 물 분자만을 흔들어 줄 수 있는 특징을 가지고 있다. 전자레인지를 이용하여 우리가 만든 모델을 검증할 수 있는 실험을 설계하여 수행해보자.

금속용기는 절대 피하고, 전자레인지용 용기를 사용하도록 한다.

[준비물]

전자레인지, 물이 포함된 물질, 물이 포함되지 않은 물질(김, 얼음 등)

1. 여러 종류의 물질을 전자레인지에 넣고 약 1분간 작동시킨 후 온도 변화를 관찰한다.

6-1. 각 물질의 온도 변화는 어떠한가?

- 수분이 포함된 물질의 온도는 올라갔으나 다른 물질들의 온도는 올라가지 않았다.

6-2. 우리가 세운 모델로 이 결과를 설명해보자.

전자레인지의 원리

- 전자레인지는 물 분자만을 흔들어 줄 수 있는 기구이다. 실험결과 물 분자를 포함하고 있는 물질들의 온도만 올라갔다. 이것은 전자레인지 때문에 운동이 활발해진 물 분자들 때문에 물질의 온도가 올라간 것이다. 바꾸어 말하면, 열이라는 것은 결국 분자들의 움직임을 활발히 해줄 수 있는 것이다.

적용하기

7. 우리가 세운 모델로 설명할 수 있는 다른 현상을 찾아보자.

- 한겨울에는 사이가 조금 벌어져 있던 기찻길의 철로가 더운 여름날에는 붙어있다. 이것은 앞의 실험에서 탁구공의 운동이 활발해지면 양 옆의 거리가 늘어나는 것과 같은 원리이다.

08 플라스크 속으로 들어간 풍선

수업모델 모델제시형 – 도움중지

이 수업은 과학자의 연구형태 중 모델제시형으로 진행된다. 앞서 학습하였던 기체의 압력과 부피, 부피와 온도와의 관계를 바탕으로 기체의 온도와 압력과의 관계에 대한 모델을 만들어가는 과정이 이 수업의 목적이다. 모델제시형의 연구과정에서 수정하기 과정이 빠져있다.

『모델제시형의 수업과정』

탐색하기 → 임시모델제안 → 검증하기 → 모델형성 → 적용하기 → 모델통합

(검증하기 ↓ 수정하기 → 임시모델제안 ↑)

수업개요

이 수업은 인지적 도제 단계의 도움중지에 해당하는 부분으로 기체의 온도에 따른 압력에 대한 모델을 형성하는 것을 목표로 한다. 이미 모델제시형에 대한 수업을 경험했으므로 학습지에는 모델제시의 구체적인 단계가 제시되어 있지 않다. 첫 번째 실험으로 제시된 플라스크 속으로 들어간 풍선은 물을 끓이다가 가열을 중지하고 풍선을 씌운다. 플라스크의 온도가 내려감에 따라 분자 운동이 느려지면서 외부 압력보다 내부 압력이 작아지므로 풍선은 플라스크 안으로 들어가게 된다. 거꾸로 플라스크 안에서 풍선이 부풀어 오르는 것처럼 보인다. (때로 학생들은 이 현상을 샤를의 법칙으로 설명하려고 할 것이다. 그러나 샤를의 법칙은 압력이 일정할 때 부피와 온도와의 관계를 설명한 것인데 이 경우는 압력이 일정하게 유지되지 않으므로 샤를의 법칙으로 설명할 수 없다.)

두 번째 실험은 달걀 안에 있는 기체의 온도가 올라가면서 압력이 증가하고 약간의 기체가 힘을 받아서 미세한 구멍으로 나오는 현상을 나타낸 것이다. 껍질에 구멍을 뚫어 놓으면 온도가 올라감에 따라 증가된 압력은 기체의 부피를 증가시켜서 공기방울의 줄기를 만들면서 빠르게 빠져나오는 것이다. 이런 상황을 설명하기 위해 기체의 온도와 압력과의 관계를 이해하고 온도가 증가함에 따라 기체의 압력이 증가하는 것에 대한 모델을 형성하게 되는 것이다. 교사의 도움이 중지된 상태에서 모델을 형성하는 것이 바람직하나 학생들의 상황을 고려하여 교사의 적절한 교수적도움이 제공되어야 하는 단계이다.

수업안내

- 수업 대상 : 중학생 이상
- 예상 소요시간 : 3시간
- 수업 준비물 : 삼각플라스크, 풍선, 달걀, 비커, 가열장치, 진공실험장치, 기타 본문 참조

학습목표

1. 기체의 온도가 증가할수록 분자 운동이 활발해져서 압력이 증가한다는 것을 설명할 수 있다.
2. 기체의 온도와 압력과의 관계를 설명할 수 있는 과학적 모델을 형성하면서 과학자의 연구형태와 사고과정을 학습한다.

탐색하기

실험 1 : 플라스크 속으로 빨려 들어간 풍선

[준비물]

삼각플라스크, 풍선, 가열장치

[실험과정]

① 주둥이가 좁은 삼각플라스크를 선택하여 약 5mL 정도 물을 채운다.

② 물이 끓어서 1mL 정도가 될 때까지 플라스크를 가열한다.

③ 플라스크 가열을 중지한 후 수건으로 잡고 플라스크의 입구에 색깔 있는 풍선을 올려놓는다. (풍선 주둥이를 플라스크 입구에 덮어씌운다.)

④ 플라스크를 냉각시키면서 관찰한다.

[실험결과]

① 풍선의 모양 변화를 관찰해보자.

실험 시 주의사항

1. 풍선에 바람을 약간 불어 넣어 두면 더 좋은 결과를 관찰할 수 있다. 여러 번 사용한 풍선일 때 더 잘 관찰된다.
2. 이 실험을 하면서 학생들에게 질문하는 형태로 진행하여 예상하도록 한다.

실험 시 주의사항

1. 비커는 두 개의 달걀이 충분히 들어갈 정도로 커야 한다.
2. 구멍을 낼 때에는 핀을 돌려서 달걀이 깨지지 않도록 한다.
3. 구멍을 내지 않은 달걀은 비교하기 위한 것이다.

실험 2 : 달걀에서 기체가 뽀글뽀글

[준비물]

생달걀 2개, 큰 비커, 가열장치

[실험과정]

① 비커에 2/3정도 물을 넣고 가열한다.
② 하나의 달걀에 핀으로 작은 구멍을 낸다.
③ 달걀을 조심스럽게 뜨거운 물이 있는 비커에 넣는다.
④ 두 달걀을 관찰한다.

[실험결과]

① 달걀 주위에 생기는 작은 공기방울을 볼 수 있는가? 표시된 달걀의 구멍에서는 어떤 일이 일어나고 있는지 관찰해 보자.

탐색하기 실험결과 해석

첫 번째 실험으로 제시된 플라스크 속으로 들어간 풍선은 물을 끓이다가 가열을 중지하고 풍선을 씌운다. 이때 온도가 충분이 높은 상태이므로 기체 분자는 활발하게 움직이고 있다. 플라스크의 온도가 내려감에 따라 분자 운동이 느려지면서 외부 압력보다 내부 압력이 작아지므로 풍선은 플라스크 안으로 들어가게 된다. 거꾸로 플라스크 안에서 풍선이 부풀어 오르는 것처럼 보인다.

이 현상을 설명하기 위한 모델을 제시하는 과정에서 온도에 따른 기체의 분자운동을 이용하여 기체 압력과의 관계를 설명할 수 있도록 지도한다.

이 현상을 샤를의 법칙으로 설명하려고 할 것이다. 그러나 샤를의 법칙은 압력이 일정할 때 부피와 온도와의 관계를 설명한 것인데 이 경우는 압력이 일정하게 유지되지 않으므로 샤를의 법칙으로 설명할 수 없다.

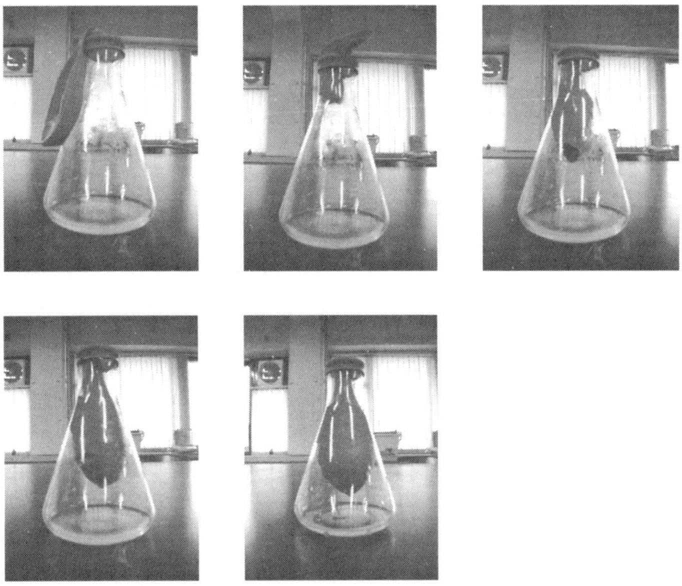

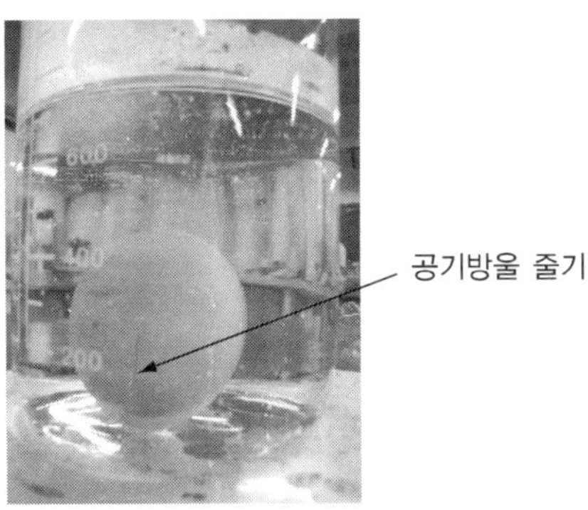

[구멍 뚫은 경우]

[구멍 없는 경우]

임시모델제안

기체의 온도가 올라가면 압력도 증가한다.

검증하기

[실험 1] 진공실험 장치와 온도계 사용

① 그림과 같은 진공실험 장치 속에 작은 온도계를 넣어둔다.
② 진공실험 장치에서 피스톤을 움직여서 기압을 낮춘다.
③ 온도계의 눈금을 확인한다.
④ 온도가 낮아지는 것을 관찰할 수 있다.

• 결과

[압력 높을 때 (28°C)]

이 현상들로부터 온도와 압력과의 관계를 설명할 수 있도록 유도하여야 한다. 압력의 변화를 현상을 볼 수 있는 것이 아니라 부피 변화를 압력변화와 연결지어야 하므로 논리적인 모순이 일어나지 않도록 학생들의 사고를 유도할 필요가 있다.

제시된 실험에서 온도계는 진공실험 장치에 들어가야 하므로 작은 것을 선택해야 한다. 체온계를 사용해도 된다.

진공실험 장치 안에 온도계의 위치는 눈금을 확인할 수 있어야 하므로 진공실험 장치 벽면에 놓는 것이 더 좋다. 이것이 불가능하더라도 진공실험 장치 안에 고정시켜야 한다.

이 실험은 압력을 정량적으로 측정할 수 없지만 압력이 낮아짐에 따라 온도가 감소하는 것을 확인할 수 있는 실험이다.

이 실험은 MBL을 사용해야 하는 실험으로 MBL사용에 대한 기초 지식이 있어야 한다. MBL을 사용하여 실험할 경우 데이터를 디지털화 하여 얻을 수 있다는 것과 측정과 동시에 표나 그래프의 형태로 자료를 수집할 수 있다는 장점이 있다.

기체의 온도와 압력의 단위를 절대온도(K)와 atm을 사용하였다. 그러나 중학생 수준에서는 경향성을 나타내면 되는 것이므로 MBL에서 측정되는 단위인 ℃와 hPa를 그대로 사용하여도 무방하다.

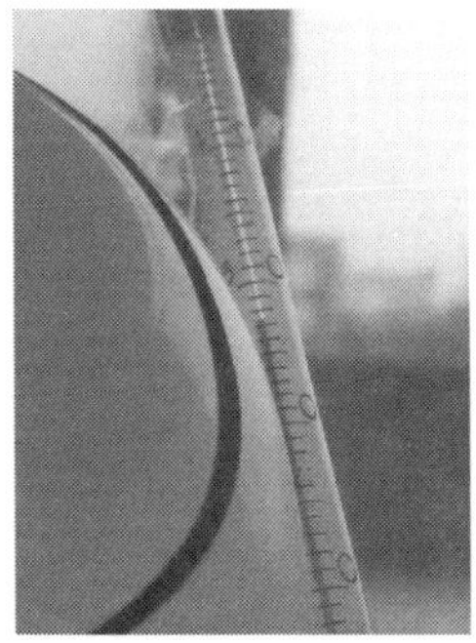

[압력 낮을 때 (27°C)]

[실험 2] 가열하면서 압력의 변화 알아보기

① 그림과 같이 MBL 센서를 연결한다.
② 온도와 압력이 평형에 이를 때까지 기다린다.
③ 온도와 압력 값이 일정하게 유지되면 실험 시작을 누르고, 가열한다. (핫플레이트를 사용하여 가능하면 균일하게 가열하도록 한다.)
④ 약 3분 정도 온도와 압력 값을 측정한다.
⑤ 측정결과를 그래프로 나타내보자.

- **결과** – 온도와 압력이 비례관계임을 확실하게 알 수 있다.

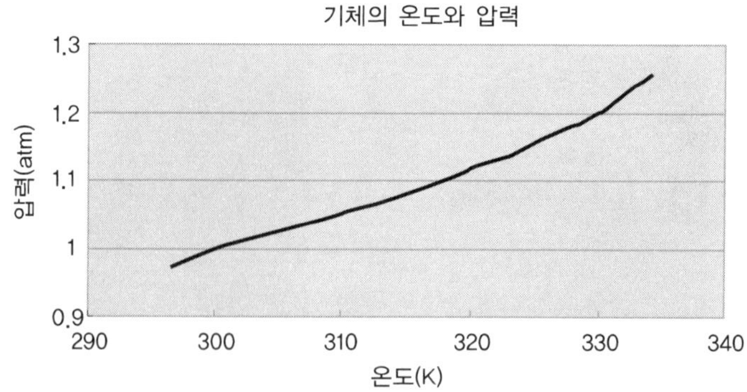

> 모델은 다양한 형태로 나타날 수 있으며 정확한 표현이 아니더라도 다양하게 나타내는 방법에 대해 생각해볼 수 있는 기회를 주어야 한다.

모델형성

1. 위의 현상을 설명할 수 있는 과학적 모델을 만들어보자.

- 기체는 온도가 떨어짐에 따라 기체의 압력도 감소한다.
- 기체의 온도와 압력은 비례관계이다.

$$P \propto T$$

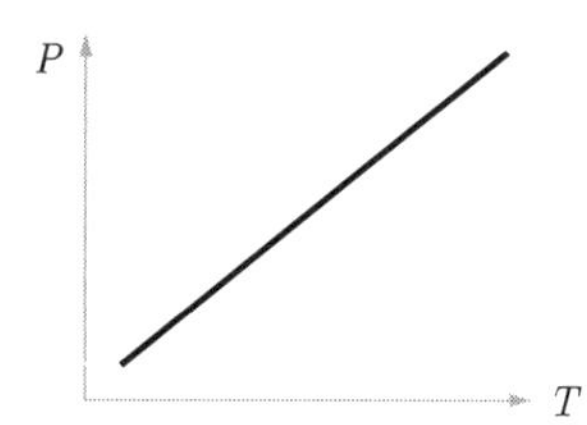

적용하기 : 기체분수 만들기

> 적용하기 부분에서 새로운 상황에 모델을 적용시켜야 하므로 옆에 제시된 것처럼 새로운 실험을 고안하도록 하는 방법이 있고 실험을 제시하여 주고 학생들이 스스로 만든 모델을 이용하여 설명하도록 하는 방법을 사용해도 된다.

- 기체의 압력변화를 이용한 기체분수를 온도에 따른 기체 압력의 변화를 이용하여 만들 수 있다.
  ① 플라스크에 뜨거운 물을 넣어 따뜻하게 한 뒤 물을 쏟아 버린다.

② 데워진 플라스크에 마개를 막고 고무관을 핀치콕으로 닫은 후 플라스크를 거꾸로 세워 고무관의 다른 쪽 끝을 물속에 넣어둔다.

③ 거꾸로 세운 플라스크에 찬물을 부으면서 핀치콕을 열면 플라스크 안의 기체가 차가워지면서 압력이 내려가므로 물이 거꾸로 올라와 분수 현상이 일어나는 것을 관찰할 수 있다.

- 이렇게 온도에 따른 압력의 차이로 나타나는 분수 현상의 앞서 제시한 모델로 설명할 수 있다.

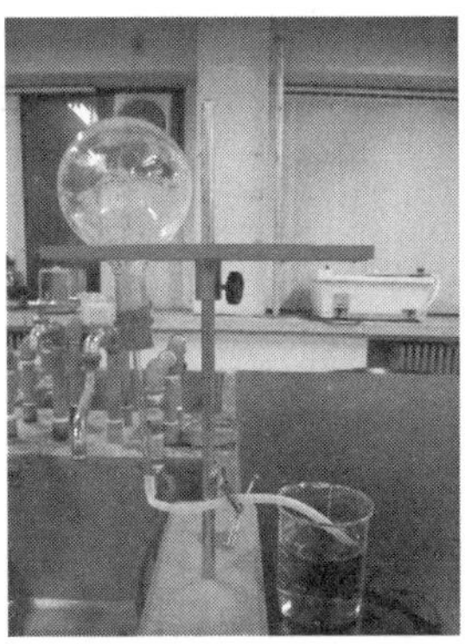

[실험장치]

[찬물로 식히기]

[콕 열기]

[분수 성공]

모델통합

2. 앞서 학습한 기체의 온도와 부피와의 관계, 기체의 압력과 부피와의 관계, 그리고 기체의 온도와 압력과의 관계에 대한 모델을 종합하여 하나의 모델로 제시해보자.

- 기체의 온도와 압력은 비례한다.
- 기체의 압력이 일정할 때 온도와 부피는 비례한다.
- 기체의 온도가 일정할 때 부피와 압력은 반비례한다.
- 위의 내용을 종합하여 하나로 표현해보면, **기체의 부피는 온도에 비례하고 압력에 반비례**한다.

$$PV \propto T$$

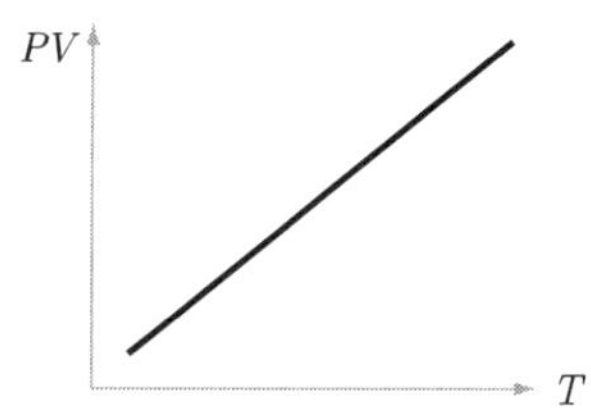

이 단계는 학습자의 수준에 따라 제시하여도 되고 제시하지 않아도 된다. 이것은 상황에 따라 달라질 수 있다. 그러나 이 활동은 만들어진 모델이 전체적으로 통합되는 과정을 보여준다는 것에 목적을 가지고 있으므로 비슷한 영역의 여러 모델들이 종합되는 과정을 설명할 수 있는 기회가 된다. 우리가 눈으로 관찰할 수 있는 기체의 부피 변화가 다양한 변인에 따라 어떻게 달라지는지에 대한 전체적인 관점을 기를 수 있는 활동이다.
이것 역시 모델이므로 다양한 형태로 제시될 수 있음을 학생들에게 상기시킬 필요가 있다.

여러 가지 모델을 통합하는 과정에서도 다양한 형태로 표현될 수 있음을 알려준다.

여러 가지 모델이 공통적으로 나타내고자 하는 것이 기체에 관한 것이며 부피, 온도, 압력이라는 변인들 사이의 관계를 종합적으로 생각할 수 있도록 해야 한다. 학생들이 이들 사이의 관계를 명확히 찾아내지 못할 경우 교사는 질문을 통해서 찾아 낼 수 있도록 유도한다.

09 상위유전

수업모델 모델제시형 – 도움중지

이 수업은 과학자의 연구형태 중 모델제시형으로 진행된다. 생쥐의 털색 유전을 관찰하여 이전의 유전현상에서 볼 수 없었던 사실을 확인한 후 이를 설명하기 위한 모델을 세우는 과정을 통해 과학자의 연구과정을 배우게 된다. 모델제시형의 연구과정에서 본 모듈은 모델통합 과정이 빠져있다.

『모델제시형의 수업과정』

탐색하기 → 임시모델제안 → 검증하기 → 모델형성 → 적용하기 → 모델통합

(검증하기 ↓ 수정하기 → 임시모델제안 ↑)

수업개요

지금까지 관찰한 생물체들의 형질은 한 개 유전자로부터 유래하는 하나의 표현형을 가졌다. 그러나 여러 개의 유전자들이 상호작용하여 하나의 형질을 나타내는 경우도 있다. 한 유전자가 다른 유전자의 표현형 발현에 영향을 주는 것을 상위(epistasis)라고 한다. 야생형 생쥐의 털색은 각 털에 무늬가 있어 회색(아구티색)을 나타낸다. 대립 유전자 B는 털에 무늬를 갖게 하는 우성 유전자로 털의 색이 아구티가 되게 한다. 열성 동형접합자 bb는 털에 무늬가 없어 검정색이 된다. 하지만 생쥐의 털색에 영향을 주는 다른 유전자가 다른 염색체상에 존재한다. 이 유전자의 우성 대립유전자 A는 정상적으로 색이 발현되도록 하는 데 관여하지만, aa는 B유전좌위의 유전자형에 관계없이 색소형성을 막기 때문에 모두 흰색의 알비노가 된다.

실제로 유전자의 발현과정을 학생들이 확인하기는 어렵다. 이미 밝혀진 유전자 발현 과정을 간략히 제시하여 학생들이 세운 모델이 제시된 유전자 발현과정에 적용이 되는지 살펴봄으로써 학생들의 모델을 검증한다.

수업안내

- 수업 대상 : 고등학생 이상
- 예상 소요시간 : 2시간

학습목표

1. 한 유전자가 다른 유전자의 발현을 조절할 수 있는 모델을 제시할 수 있다.
2. 모델을 제시하고 검증하는 과정을 통하여 과학자의 연구형태와 사고과정을 익힌다.

예상 및 탐색하기

＊ 생쥐의 털색 유전에 관한 실험이다.

생쥐의 털색은 회색(아구티색), 검정색, 흰색의 3종류로 나누어진다. 대립유전자 B는 털에 무늬를 갖게 하는 우성 대립유전자로 생쥐는 회색(아구티색)이 된다. 열성 대립유전자 bb를 갖는 생쥐는 털에 무늬가 없어 검정색이 된다.

다음은 아구티색 생쥐과 흰색 생쥐를 교배한 결과다.

AABB(아구티색) × aabb(흰색)

↓

AaBb(아구티색) × AaBb(아구티색)

↓

아구티색 : 검정색 : 흰색

9 : 3 : 4

1. 생쥐의 털색에 영향을 주는 유전자에는 어떤 것이 있는가?

생쥐의 털색 유전에 영향을 주는 유전자는 2종류다.

- B,b와 A,a

2. 유전자 A와 유전자 B는 같은 염색체에 존재하는가?

- 유전자 A와 B가 연관되어 있다면 그 표현형의 비가 최대 1 : 2 : 1로 나타나야 한다. 따라서 유전자 A와 B는 다른 염색체에 존재하는 독립유전을 한다.

퓨넷표를 그려서 나올 수 있는 표현형의 비율을 따져본다.

이 표를 통해서 aa를 가지는 개체만이 흰색이 됨을 알 수 있다. 또한 A를 하나라도 가지는 쥐는 B 유전자가 정상적으로 작용한다.

3. 퓨넷표를 작성하여 자손들의 유전자형을 관찰해보자.

	AB	Ab	aB	ab
AB	AABB	AABb	AaBB	AaBb
Ab	AABb	AAbb	AaBb	Aabb
aB	ABaB	AaBb	aaBB	aaBb
ab	AaBb	Aabb	aaBb	aabb

4. 위와 같은 표현형 비율, 아구티색 : 검정색 : 흰색 = 9 : 3 : 4가 나타나기 위해서는 각 표현형에 해당하는 유전자형은 각각 무엇일까?

표현형	아구티색	검정색	흰색
유전자형	A_B_	A_bb	aa__

임시모델제안

5. 대립유전자 A와 a는 생쥐의 털색에 어떤 영향을 미칠까?

- 대립유전자 A는 우성으로 생쥐의 털색이 정상적으로 발현되도록 한다. 대립유전자 aa는 유전자 B나 b의 종류에 관계없이 모든 색소발현을 막기 때문에 열성 동형접합자를 지닌 aa__ 개체는 모두 흰색이 된다.

멜라닌 색소를 생성하지 못하면 흰색(알비노)이 된다. 따라서 열성 동형접합일 때 흰색이 되는 A가 (가)에 작용하는 유전자다.

검증하기

6. 아래의 그림은 쥐의 털색이 발현되기까지의 과정을 간략하게 나타낸 것이다.

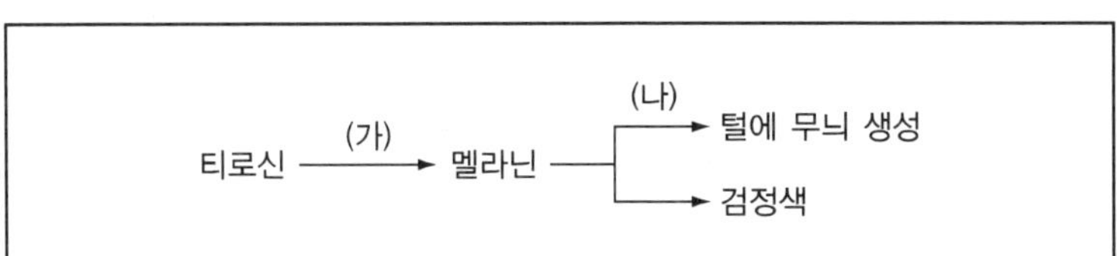

6-1. 유전자 A와 B는 각각 어느 과정에 관여하는가?

- (가) : 유전자 A
- (나) : 유전자 B

6-2. 흰색 쥐가 생기는 과정을 설명해보자.

- aa를 가지는 생쥐는 (가) 과정이 일어나지 않아 (나) 과정이 정상이더라도 색소를 만들 수 없어 흰색이 된다.

6-3. 검정색 쥐가 생기는 과정을 설명해보자.

- A를 가지면 (가) 과정이 정상적으로 일어나 멜라닌이 생성되고 bb로 인하여(B가 없어) 무늬가 생기지 않으므로 검정색 생쥐가 생긴다.

6-4. 아구티색 쥐가 생기는 과정을 설명해보자.

- A를 가지면 (가) 과정이 정상적으로 일어나 멜라닌이 생성되고 유전자 B에 의해 털에 무늬가 생겨 아구티색 생쥐가 생긴다.

모델형성

7. 유전자 A와 B의 역할을 설명해보자.

- 유전자 B는 털의 무늬를 만드는 과정에 관여하는 효소를 생성한다. 유전자 A는 멜라닌 색소를 만드는 과정에 관여하는 효소를 생성한다.

8. 유전자 A와 B의 관계에 대해 설명해보자.

- 유전자 A는 유전자 B의 발현에 영향을 준다.

적용하기

9. 다음은 꽃색에 관여하는 두 가지 유전자에 대한 설명이다.

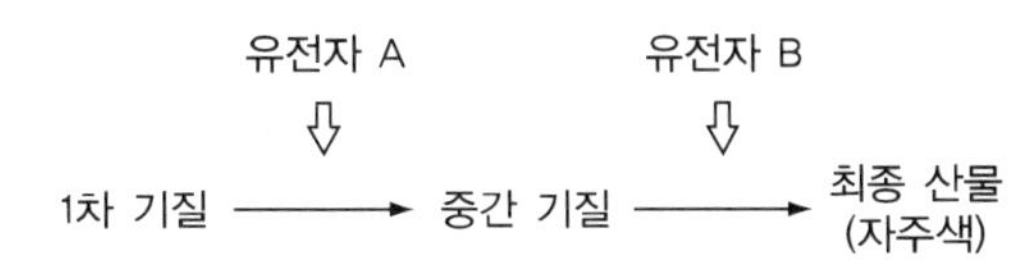

9-1. 유전자 A, B의 기능은?

- 유전자 A는 1차 기질을 중간 기질로 만드는 과정에 관여하는 효소 A를 생성한다.
- 유전자 B는 중간 기질을 최종 산물로 만드는 과정에 관여하는 효소 B를 생성한다.

9-2. 유전자형이 AaBB인 개체가 나타낼 표현형과 그러한 표현형이 나타나는 이유를 설명해보자.

- 자주색꽃. 효소 A와 B가 모두 만들어져 최종 산물이 생성되기 때문이다.

9-3. 유전자형이 aaBB인 개체가 나타낼 표현형과 그러한 표현형이 나타나는 이유를 설명해보자.

- 흰색꽃. 효소 A가 없어 중간 기질이 만들어지지 않으므로 효소 B가 있어도 최종 산물이 만들어지지 않는다.

과학영재들을 위한
창의적 탐구활동 프로그램(I)

2011년 1월 15일 1판 1쇄 발행
2012년 7월 15일 1판 2쇄 발행

저 자 ◎ 강성주·김현주·이길재
발행자 ◎ 조 승 식
발행처 ◎ (주) 도서출판 북스힐
서울시 강북구 수유 2동 240-225
등 록 ◎ 제 22-457 호

TEL (02) 994-0071(代)

FAX (02) 994-0073

E-MAIL bookswin@unitel.co.kr
www.bookshill.com

값 15,000 원

잘못된 책은 교환해 드립니다.

ISBN 978-89-5526-715-0